乡村旅游：多业融合
——台湾之"石"与大陆之"玉"

四川省旅游培训中心 编

中国旅游出版社

《乡村旅游：多业融合
——台湾之"石"与大陆之"玉"》
编委会

策　　划：向和频　汪晨雨

主　　编：刘　旺

编　　委：别梦瑶　王　萍　蒋　敬　张亚丹　邓晶晶　张　沫
　　　　　黄　敏　邹雪梅　任　江　穆　越　韩　曦　郑欣粤
　　　　　徐慧敏

前言
PREFACE

让我们一起回乡村

从前，人们总爱眺望山的方向，向往山外的世界，憧憬城市的繁华热闹，将乡村视为要逃离的樊笼。多年后，当城市生活早已成为现实时，人们又不由自主地开始回头望，想望见那小桥流水，想望见那袅袅炊烟，想望见那镌刻在时光印记里的古朴乡村……原来，人们都想家了，而你呢？

小时候，乡村虽不及城市丰裕、繁华和便利，但其自然清新、温暖闲适的模样总会让现在的你魂牵梦萦。在记忆中，青山抱绿水，古宅落田间，乡村大地的山水田园算不上规整，却融合出自然和谐的韵味；日出而作、日落而息，乡村田间的劳作即便艰辛繁重，也顺应着时间的节律松弛有度；邻里往来、相互帮衬，乡村邻里的生活虽不富裕，但处处流露出温暖的真情……长大后，当现代性裹挟着城市文明侵蚀乡村时，人们出走乡村到陌生的城市里去寻找生计，身后的乡村也从此走向了凋零。目之所及，本该郁郁葱葱的田园早已成了一片荒芜，本是古韵悠悠的老宅也因年久失修破败不堪，本应热闹非凡的院坝里也只剩下了老人和小孩的身影……这样的乡村，即便是你思念得肝肠寸断，也没有勇气转身回去，"回不去的乡村"只能停留在回忆的怅然里。

当城市文明冲击乡村之时，也伴生了严重的城市病，浮躁、焦虑、冷漠、污染压得人们喘不过气来。人们开始寻找那个可以让心灵片刻安宁的远方，最后如梦初醒般地想到了有着满腔回忆的乡村，便大步踏进了城郊乡村，迈入了农家小院，走下了田间地头，于是乡村旅游应运而生。近年来，乡村旅游从城郊走向了偏远山区、民族地区，一路奏响了城乡统筹发展的凯歌，既为城市居民拓展了休闲空间、安放了躁动灵魂，也为乡村产业发展、农民增收致富注入了新的活力，成为推动乡村振兴的重要力量。然而，乡村旅游遍地开花的态势却潜伏着深刻的危机。城市化的乡村建筑和景观，简单复制的旅游产品和业态，缺少乡间温情的旅游服务……古朴自然的乡村逐渐销蚀了原有的气质，沦为城市的"仿制品"，也难以再次叩开城里人的心扉，产业发展后劲不足。当乡村不再像乡村之时，请问是否还能勾起你的念想？如果不能，敢问乡村旅游的发展之路在何方？乡村的未来又将何去何从？

也许，与大陆隔海相望的台湾能给我们提供参考答案。前些年，编者随中国科学院地理与资源研究所参加"海峡两岸休闲产业与乡村旅游"学术研讨会；2015年以来，编者多次参加四川省乡村旅游带头人赴台学习交流活动，亲身走进台湾休闲农场，实地学习台湾休闲农业发展经验。从卓也小屋让传统工艺蓝染变身成国际范、胜洋水草休闲农场将普通水草玩出无限创意、飞牛牧场完成一产向三产的华丽转型、大湖草莓农场讲述农会的力量再到恒春生态农场将生态演绎到极致等，这些"小而精、小而美、小而温馨、小而有文化"的休闲农场根植于在地资源、生活和文化，融入天马行空的创意，再加上富有独特魅力的主人讲述动人的故事、提供温馨的服务，总会让人流连忘返。试问，这样的乡村怎能让人不想回去？

因此，本书选取了卓也小屋、胜洋水草休闲农场、飞牛牧场、大湖草莓农场、恒春生态农场五个台湾休闲农业经典案例，以及五星村、道明竹艺村、岳池农家生态文化旅游区、稻乡渔歌田园综合体四个大陆乡村旅游创新案例，讲述了各个案例的主人从项目酝酿、开发、打造到创新发展的故事，提炼和总结台湾休闲农业发展经验；在感叹台湾休闲农业发展之余，我们将大陆乡村旅游发展与台湾进行了对比，总结了大陆乡村旅游发展的成功之处，更深刻反思了大陆乡村旅游发展存在的不足之处；同时，我们通过研判台湾休闲农业发展经验对大陆的适用性，借鉴了台湾经验的可取之处，系统提出了大陆乡村旅游提升发展的路径。另外，在本书编写过程中，书名选用了视角更广、更符合大陆发展实际的乡村旅游概念，但由于台湾地区多将乡村旅游定义为休闲农业，故本书在分享台湾乡村旅游案例和经验时多次使用了休闲农业的说法。最后，我们希望本书能够为乡村旅游经营者、管理者提供借鉴，推进全国乡村旅游产业转型升级，更重要的是希望能激励更多人重塑乡村形态，留住乡愁记忆，焕发乡村活力，让我们自信地、幸福地一起回乡村！

目录 CONTENTS

Preface
前言 /001

Deconstruction
解构——解密台湾与大陆休闲农业"成功密码" /001

- CASE 1　卓也小屋,"茅草屋"里走出的国际范儿　/002
- CASE 2　胜洋水草休闲农场,嗨翻你创意的水草王国　/016
- CASE 3　飞牛牧场,从一产到三产成功转型的典范　/028
- CASE 4　大湖草莓农场,探索"小农"变"大农"的秘密　/040
- CASE 5　恒春生态农场,将生态演绎到极致　/052
- CASE 6　五星村,制度创新释放乡村发展活力　/065
- CASE 7　道明·竹艺村,用艺术点亮乡村　/082
- CASE 8　岳池农家生态文化旅游区,"诗"与"远方"的美妙邂逅　/104
- CASE 9　稻乡渔歌田园综合体,"共生经济"模式的探索与实践　/117

Reference
借鉴——采撷台湾休闲农业发展"石之精华" /133

借鉴一　协会：台湾休闲农业发展的组织平台　/134

借鉴二　主人：台湾休闲农业独特的人文魅力　/140

借鉴三　文创：台湾休闲农业的灵魂与精髓　/145

借鉴四　业态：台湾休闲农业发展的重要基石　/151

借鉴五　营销：台湾休闲农业腾飞的翅膀　/157

Reflection
反思——剖析大陆休闲农业的"成长烦恼" /163

反思一　乡村根基动摇，城镇化与园林化"长驱直入"　/164

反思二　灵魂缺失，乡土文化挖掘与开发限于"蜻蜓点水"　/168

反思三　创意不足，丰富的乡村资源难以邂逅天马行空的创意　/172

反思四　温馨不够，旅游服务的情感体验与人文关怀传递不足　/176

反思五　体验性不强，缺乏有仪式感和质感的体验产品　/180

反思六　融合不深，产业尚未碰撞出立体融合的火花　/184

反思七　保障不足，休闲农业发展的保驾护航有限　/188

Direction

路径——雕琢大陆休闲农业发展"玉之精美" /193

路径一　留住根基，维护乡村自然生态和传统肌理　/194

路径二　文化塑魂，让失落的乡愁得以安放　/198

路径三　创意制胜，打造休闲农业的魅力IP　/205

路径四　营造乡村美学意境，时尚加值引领消费　/209

路径五　温馨服务，用服务创造具有市场价值的记忆　/233

路径六　体验增色，营造休闲农业"浸入式"消费场景　/240

路径七　跨界融合，延伸休闲农业产业链条　/245

路径八　政策助力，健全休闲农业发展的制度保障　/251

References

参考文献 /259

AfterWord

后记 /260

Deconstruction

解密台湾与大陆休闲农业"成功密码"

CASE 1

卓也小屋,「茅草屋」里走出的国际范儿

桃源秘境清幽地
山林深居世外天

这是一片充满生命力的天境

山林绿意，蛙鸟虫鸣

曲径通幽，微光流萤

这是一方重拾农家生活的乐土

茅屋几许，薄田数亩

烟火温情，安乐富足

这也是一处国际范儿十足的创意天堂

蓝草复育带你忆起土地的芬芳

古法技艺延续着蓝染文化的传承

叶子里的秘密让农业变得也很时尚

Part 1
农家子弟与猫头鹰的故事

儿时的农家，一处小院，几道篱笆，绿水野花，质朴无华

寻找儿时的农家记忆

卓也小屋的主人卓铭榜、郑美淑都是农校的老师。卓铭榜早期一直从事园艺工程，郑美淑是一名农业硕士。有一段时间，他们家的整体经济状况不是很好。

或许是基于农家子弟对土地的眷念，或许是学农背景的使命和情怀，抑或是对另外一种生活方式的渴求，夫妻二人决定离开久居的台中，找一片有山有水的林间山野，重拾他们小时候的农家生活，找回当初虽然穷，但却没有压力、充满温情的农家记忆。

只因一只猫头鹰，买下一片山林

几经辗转，夫妻二人来到三义，打算买一块地。虽然在深山，但地价却非常昂贵，这让俩人一直犹豫不决。后来听介绍人聊起曾在这里捡到过猫头鹰幼雏，夫妻二人觉得非常不可思议，因为只有生态环境特别好的地方，才会有猫头鹰"造访"。于是他们不顾一切，买下这片福地，决定在这片充满生命力的山林里驻足深耕。

卓也夫妇相信，可爱的猫头鹰会带来福气

既经营民宿，也分享生活

卓也小屋既是民宿，也是卓氏夫妇的私宅。当时，台湾民宿界流行欧风、巴厘岛风、地中海风等，但夫妻二人仍然坚持自己的格调。所以卓也小屋规划之初就致力于复原台湾旧时村落生活景观。无论是乡间小径的打造、绿植的选种、谷仓客房的设计，都传递着昔日传统富足的乡村生活的精致与温暖。就像男主人卓铭榜说的那样："这十几年来，我们一直都在做一件事情——就是寻找我们以前那样子的一个农村。所以我们来这里其实是来'卖生活'了，就是过我们自己的日子，卖以前农村的生活。"

小屋主人就在这片山林里，静待有缘之人的造访

Part 2
方宅十余亩，草屋八九间

亲手打造自己的桃源秘境

为了重温孩提时代的梦，为了寻回台湾早期农家的恬淡朴实，为了找回过往的感动，凭着对土地的情怀和对山林生活的渴求，卓氏夫妇在这片荒废的梯田上，采用生态工法，在不破坏地形和尽力保持水土的基础上，使用木材、青石板等自然材料，甚至使用回收资源当建材，依着地形一小区一小区地辟建房舍。此外，园区的凉亭楼台、曲水小径、生态绿植也都由夫妻二人亲手搭建和栽植。慢慢地，一幅"休憩、富足与团圆"的村落生活景观逐渐呈现出来，整个园区宛若山林中遗世独立的桃花源，令人心驰神往。

浓密绿林掩映下的茅草屋，宛若陶渊明笔下的桃花源

谷仓房里的精致与温馨

沿着林间小道拾级而上，一座座乡居小院隐匿在曲折蜿蜒的小径旁，这就是卓也小屋的特色——谷仓客房。夫妻二人匠心独运，将台湾旧时储藏粮食的古亭畚改造成冬暖夏凉的特色独栋客房，谷仓内不仅有采光通风良好的落地窗，还配有卫浴室、阳台及小花园等内部空间，让远方的客人不仅能体验到小屋内部的精致与时尚，更能在谷仓内忆起儿时的温馨与趣味。

大面积使用落地窗，不但可以轻松撷得山水景色，亦能减少屋内电灯、冷气使用

躺在谷仓房圆圆的睡铺上，犹如躺在妈妈怀里那般静谧温暖

"七·二"水灾之后，卓氏夫妇将回收的漂流木材制成各种家具，他们不求这些家具百年不坏，只愿将来这些木材能回归大地

小而精，小而美，小而令人感动

客房内部的枕套、椅套等，都是女主人用大菁、薯榔、茜草等植物染料亲手染制的。小屋的很多茅草和内部装饰是其父亲手工编织而成。客房的桌椅，是利用回收的旧漂流木裁制而成。

卓也小屋是一个"小而精，小而美，小而令人感动的地方"。通过这些精致、温暖的细节，我们不仅能够感受到小屋的亲切与恬淡，更能感受到小屋主人的真诚与情意。

卓也小屋的美，不是盛气凌人的美，而是那种简单、质朴却能给人温暖的美

解构 | 009
——解密台湾与大陆休闲农业"成功密码"

经过十多年的"生长",卓也小屋已经完全与环境完美地融合在了一起,就像它原本就长在这里一样

让植物自己去竞争天空

卓也小屋整个园区环境营造基本是男主人卓铭榜自己打造的。他对园区植物、盆花植栽的基本的原则就是"乱种"——让植物自己去竞争天空。因为只有这样营造出来的环境才最自然。经过十多年的栽培种植,卓也小屋植物的种类与数量已经多到难以估算,它们就像原本就长在那里一样,它们是真正的"主人",静候着每一位客人的光临。

Part 3
许你最美味的感动

在卓也小屋，除了能在大自然的怀抱中让浮躁的心慢慢地沉淀外，简单的晨间蔬食也能让住客体会到舌尖上最美味的感动。卓也小屋秉持"五谷五蔬，不时不食；因应时令，健康养生"的理念，为住客提供天然有机的养生蔬食。食材大部分取自主人自家的菜园或者邻家农户，新鲜天然，加上主人精心的烹制和装盘，研发出的五谷饭、季节面线、珍珠蔬菜卷等创意料理，广受好评。

五谷为养，五果为助，五畜为益，五菜为充。

——《黄帝内经·素问》

当食材源于大地的恩惠
美味就此诞生
当创意源于感恩的礼赞
幸福就此蔓延

——卓也小屋

创意精致的装盘，简单的食材也可以温暖而美好

Part 4
国际范儿的"卓也蓝染"

六级产业思维

六级产业：生产（一级）× 加工（二级）× 服务（三级）

在卓也小屋，民宿、餐饮等业态都是表象，对蓝染工艺的传承和延续才是其经营的特色与核心。卓铭榜夫妻认为，民宿和餐饮虽然目前经营得比较好，但是如果没有"生产"和"加工"的支撑，仅靠"服务"恐难以永续，而且民宿和餐厅无论怎么做，始终都会有一个天花板的限制，但是文化不一样，它有很多无形的功能，特别是文化创意，它的产品面向、技术都是会一直累积的。所以从卓也小屋规划之初，两夫妻就一直在寻找既有文化，又能在园区生根，又能将农业生产、加工和服务有机结合的产业。最终，他们寻觅到了"蓝染"。

> 当餐饮和民宿业遇到"天花板"时，文创是唯一的突破抓手。
>
> ——卓铭榜

大地赐予的蓝

早在3000多年前，中国先民就已经学会利用生鲜蓝草染色。"青取之于蓝而胜于蓝"，青，指靛青（靛蓝），蓝，即蓝草，这种用蓝草叶子发酵制成的植物染料给布匹上色的古老印染技术，就是蓝染。自然生成蓝靛素，作为天然植物性染料，自然环保、天然健康。嘉庆初年，台湾先民开始试种蓝染植物，一度成为台湾重要的经济作物之一，直到同治末年，台湾发达的蓝染产业才逐渐走向没落。

> 终朝采蓝，不盈一襜。五日为期，六日不詹。
>
> ——《诗经·小雅·采绿》

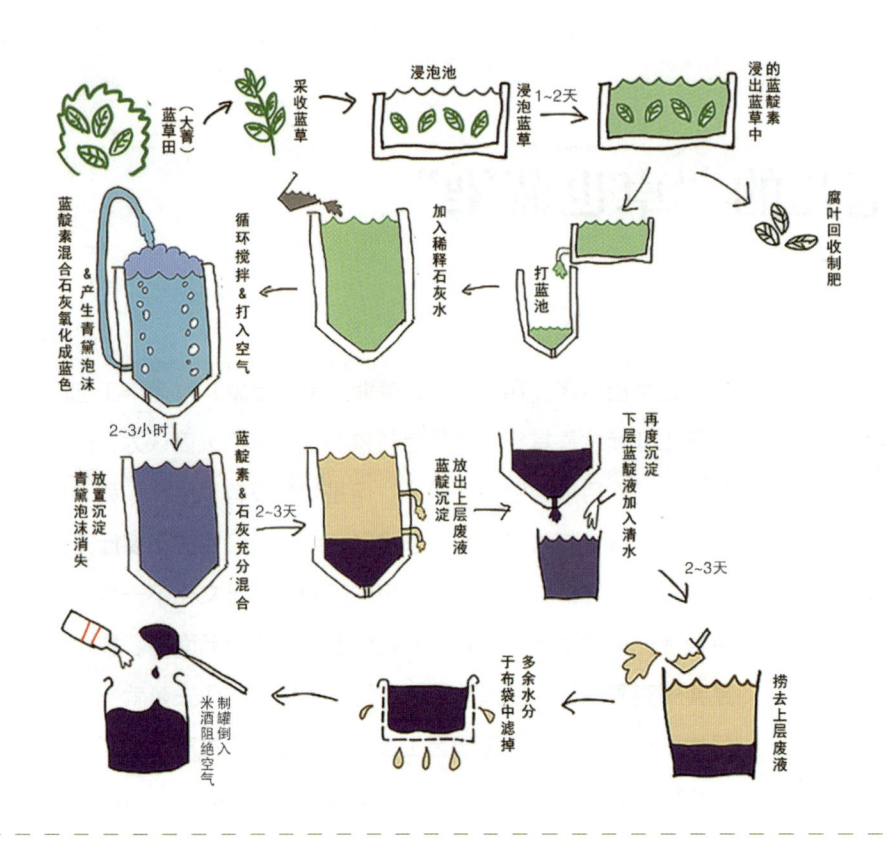

打造唯一——全世界最完整的蓝染工艺流程

卓氏夫妇说，蓝染不仅可以代替化学染料，减少对大地伤害，而且染出的衣物环保、健康，将它传承发扬刻不容缓！为了保留这项古老的印染技术，再现先民采蓝、制靛、染蓝、晾晒、刮灰、漂洗等全过程，夫妻二人从农夫做起，怀着无限的热情与匠心，将种蓝、采蓝、打蓝、建蓝一直到蓝染及染布作品整个过程在园区全部毫无保留地分享和呈现。也正因为如此，卓也小屋成了全台湾甚至全世界蓝染工艺流程完整性做得最好的地方。

栽植大菁 → 采蓝浸泡 → 打蓝制靛 → 建蓝养缸 → 蓝染工艺 → 商品研制 → 品牌营销

卓也小屋蓝染产业价值链

走出农村，接轨国际

为了寻找现代版的桃源山居生活，卓铭榜夫妻俩从城市搬来农村；为了蓝染，夫妻二人又决定从农村再打回都市。他们的梦想不只是简单地做蓝染体验课程和活动，而是希望从台湾的土地上，种植、萃取出最天然的颜料；希望把蓝染做成卓也小屋甚至是中国的、国际的品牌；更重要的是，他们希望把卓也小屋打造成最大、最完整的蓝染生产基地，以吸引和聚集更多的文化、时尚、创意人群参与，让农产品变成时尚和精品。

> 农业不应是悲情的角色，它可以是美学，也可以很时尚。

如今，卓也小屋的蓝染声誉鹊起，连国际蓝染研讨会都在用它的资料。卓也蓝染不仅成了卓也小屋的文创品牌，吸引着不少国内外人士慕名前来参观、学习和体验，他们自己设计的工艺品也在许多国家斩获大奖。卓也蓝染，不仅被台湾许多服装设计师采用，还得到东南亚设计师的关注，走进了国际时装周。蓝染，这项古老的技艺，在卓也小屋得到了传承、延续和壮大。

炼蓝成华——卓也小屋蓝染商品展示

生活用品系列

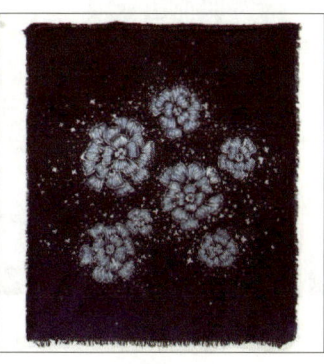

【几何】蓝蜡染抱枕　　【花夜】花草系列蜡染桌巾　　【好食光】蓝染餐具组

感受手作的温度，用技艺美化我们的生活

文具系列

【悠山】蜡染手工折扇 　　蓝染拼接笔记本 　　蓝蜡染笔袋/蓝扎染笔袋 　　蓝型染笔记本

围巾&服装系列

蓝染横纹乌干纱围巾 　　桐花蓝染丝棉围巾 　　蓝染丹宁饰边外套 　　亚麻五分袖长版衬衫

设计师包款

【限量款】落英系列手拿包 　　【设计款】映水系列提包 　　【设计款】山林系列手提包

案例小结

通过休闲农业的视角，卓也小屋的发展经验可以总结为：三生三化与三留。

三生：坚持农业三生原则，即生产、生活、生态的有机结合。

生产方面：在卓也小屋，除了种植有机蔬菜外，还将蓝草的种植、加工调制、体验、伴手礼等从无到有完整地呈现。有了产业的支撑，卓也小屋就有了永续经营的优势。

生活方面：在卓也小屋，徜徉在大自然的怀抱，依偎在温暖的谷仓房，品尝着精致创意的生态美味，感受蓝染的魅力，体验亲手染布的快乐，这不就是现代版的桃源山居生活吗？

生态方面：卓也小屋坚持与环境共存，不给环境制造太多负担的理念。园区营建坚持生态工法，利用木头或回收资源当建材，园区环境的营造和蔬菜、蓝草等的种植也都坚持生态的理念。

三化：通过在地化、精致化、深入化的思路，让产业得以升级。

在地化方面：越是传统的就越是国际的，坚持在地化就是国际化，传统的木屋、谷仓房、大红灯笼，都是最真实的乡村味道，而这也是乡土特色营造、与市场做区隔的关键。

精致化方面：在营造乡土特色、满足都市人实用需求的同时，也注重对都市人时尚精致需求的把握，将看似对立的传统与时尚有机地融合在一起。

深入化方面：以民宿和餐饮做基础，利用蓝染做内容，将传统的蓝染文化从无到有完整地呈现，在提升园区附加值的同时，也保留、延续了传统文化。

三留：通过农业三生，最终达到留人、留钱、留心的效果。

留人：吸引游客的同时更要吸引年轻人参与，创造产业的生命力。

留钱：深化内容，提高回头率，带动相关销售，让游客心甘情愿在此消费。

留心：用最真挚的情怀感动客人，并努力创造口碑效应。

CASE 2
胜洋水草休闲农场，
嗨翻你创意的水草王国

解构 | 017

——解密台湾与大陆休闲农业"成功密码"

小小的水草，大大的世界

曾经的一丛丛杂草，
在布满了农场的角角落落后，绘制出一幅清新浪漫的生态画卷；

曾经的一丛丛杂草，
在装进了透明的玻璃瓶里后，摇曳的身姿疗愈着浮躁的心灵；

曾经的一丛丛杂草，
在搬进了创意的文化馆里后，水与草的故事诠释生活的智慧；

曾经的一丛丛杂草，
在融入了精致的料理里后，清香的味道感动着舌尖的味蕾。

这里就是胜洋水草休闲农场，
一个将普通的水草玩出新花样的王国，
一个紧随市场、求新思变的成功企业，
一个用创意驱动产业融合发展的休闲农场典范。

Part 1
逆风的人生可以翻盘

碧水与方塘，曾经的鳗鱼池，如今的草场，见证着农业产业的没落与新生

家道中落的"贫穷少爷"

步入胜洋水草休闲农场，映入眼帘的是一汪汪碧波荡漾的水塘、一丛丛风姿摇曳的水草。谁能想到，这里曾经上演过鳗鱼的辉煌。20世纪，徐家的这片草场里喂养着鳗鱼，由于水质好、水产价格高，每天从这里走向餐桌的鳗鱼销售额高达百万元。但好景不长，没过几年，鳗鱼养殖竞争越来越大，水产价格日渐下行，徐家从最初的亏本经营到后来靠举债维持，经济状况急转直下。徐志雄兄弟俩一下子由衣食无忧的"富家少爷"变成了家道中落的"贫穷少爷"。

种水草，只是为了生存

为了减轻家里的负担，懂事的徐志雄偷偷地上了免费高职，半工半读完成学业后参了军。退伍后，他立即回到家乡，扛起家里的重债。刚二十岁出头的年纪，徐志雄就当过娃娃车司机、工厂工人，卖过泡沫红茶，养过热带鱼，历经了生活的艰辛，但还是找不到出路。一次偶然机会，一位朋友告诉他，胜洋的水质适合养水草。不因情怀，只为生存，他抱着试一试的心态，一头扎进了水草的世界。

面对人生的苦难，不需要太多的悲情，自然地接受它，再想办法改变它。

人生又何尝不像水草，不知道水下藏着多少磨难

上山下海，只为水草

现实总比想象残酷得多。怎么培育水草呢？一没有经验，二没有技术。先从书里学，再到地里找，这是徐志雄的土办法。为了早日摆脱沉重的负债，为了让家人过上好日子，徐志雄边啃外文资料，边和弟弟跑遍台湾寻找水草，先记录生长数据，再带回来培育。上山下海，千辛万苦，有一次兄弟俩掉进了深山差点丢了小命，但依然没有动摇寻找水草的决心。

造景批发，挣得第一桶金

沉浸在水草世界里的兄弟俩，却忽略了水草的销路问题。有时候，整车的水草拉出去，只能烂在车上。为了拓展水草销路，兄弟俩学水草造景，开水族店，还当起老师，教其他水族店老板水草造景。水草批发生意慢慢做了起来，终于赚到了第一桶金。

> 市场的洪流对每个产业都很公平，死守就意味着淘汰，创新才能永续发展。

小小的水草，大大的希望

转型，寻找想要的生活

经过苦心经营，徐家兄弟的水草批发生意做得风生水起，每个月仅靠卖水草就赚得三四十万元新台币。但没几年，台湾水草种植行业竞争也开始增大，倒逼着徐志雄开始思考转型。为了不走鳗鱼养殖的老路，为了与更多人分享水草的美丽，徐家兄弟决定主动将草场转型为休闲农场。

转型的是草场，分享的是美好生活

解构　021
——解密台湾与大陆休闲农业"成功密码"

Part 2
亲手打造的水草王国

让水草自在地生长

转型就意味着阵痛。草场要转型为休闲农场，首先拿什么给游客看？是农场现有的二三十种沉水性水草吗？显然，它们的美还不足以感动游客。徐志雄决定引进更多不同类型的水草品种。经过多年的精心培育，目前农场里水草品种已经增至400多种，有沉水、挺水、浮贴、漂浮等多样化水草。紫色的鸢尾花、黄色的台湾萍蓬草花、薄荷香气的植物……在农场的每一个角落里，水草都自由地舒展着身姿，展示着大自然的闲适与安逸。

在农场，水草不仅是产业依托、魅力风景，更是农场主人对生活的热爱。

水草才是这里的主人

落霞与孤鹜齐飞
秋水共长天一色

农场的美，不仅在水草，还有水和草共同营造的美丽生态

遇见最美的水生态

农场里，美的除了草，还有柔情的水和清新的自然。为了让水草多一些姿态，为给水草营造洁净的环境，农场按照生态循环的理念，在水草丛中喂养了鲷鱼，形成了自然的生态圈。鱼在草丛中游走，草在风中摇曳，清澈的池水泛起碧波，这是最美的水生生态画面。美丽的生态引来更多的小动物，甲壳虫、红冠水鸭，还有候鸟白鹭……秋天，成行的候鸟南飞，农场成了鸟儿首选的停歇之地，远处的山峦，洁白的鸟群，倒映在水面，与池里游走的鱼儿相映成趣。

Part 3
小水草，大创意

讲一段水草的故事

水草注入了文化，就有了灵魂，就有了可以引起游客情感共鸣的记忆点。在农场里，有了可观的水草，还只是能够吸引游客的眼球，怎样才能真正打动游客的心呢？那就先讲段水草的故事。在水草文化馆里，每一个角落都精巧地装饰着水草，展示着水草的形态，普及着水草的知识，讲述着农场的发展历史，用创意阐释水草与生活的关系，让游客更深刻地理解水草的文化，更直接地感动于水草的优美。

水草文化馆，一栋极简主义风格的清水模建筑，玻璃窗、金属结构、水泥墙，建筑主体没入水体，与周围生态融为一体，极具设计感

随处可见的标识牌，普及着水草的相关知识

精致的水草箱，创意十足的水草灯，质朴的水草瓶……水草文化馆用生命传递着生态的理念，疗愈着世俗的浮躁

感动的水草美学

对于徐志雄来说，休闲农场转型就是要寻找到新的水草市场，提高水草的附加值。如何实现呢？徐志雄的经验是"精准的市场把握＋创意吸引人＋设计展现美"。在转型之初，徐志雄曾请来高校设计师设计水草商品，但不曾想到设计师的作品并没有打开市场。后来，徐志雄亲自做市场调研，了解顾客需求，亲手设计水草商品。由于精准对接了市场需求，自己设计的水草商品受到顾客的青睐。在水草创意商铺里，水草置于特制的花盆、废旧的豆奶瓶、照明灯泡、透明的水杯里，可爱的造型、简单的色彩诠释着乐活的水草美学，瞬间让浮躁的心得以安宁。

加点创意，农业也可以成为时尚、美丽的事业。

琳琅满目的水草创意商品，不知不觉就将游客带入了一个梦幻、浪漫的水草世界

解构　025
——解密台湾与大陆休闲农业"成功密码"

在水草餐厅里，水草既是装饰也是食材

水草与食材的完美融合，加上精致的摆盘设计，馋涎欲滴，养胃又养心

邂逅创意的水草料理

　　农场的水草，除了有观赏价值外，还有食用和药用的价值。为了将水草的功能发挥到极致，徐志雄决定研发水草创意料理。在水草餐厅内，整个装修布置以水草为主题，水泥墙上镶嵌着水草箱，吊顶和玄关也用水草花瓶装饰，连洗手盆里也养着水草，用创意将水草的元素运用到了每一个细节。餐厅的美食多以水草为调味剂，新鲜的食材，加上农村妈妈的精湛技艺，再以清新水草调味，水草与食材融合出独特的自然气息和清爽口感，连很多本地人也专程驱车前来享受美食。

乡村旅游：多业融合
——台湾之"石"与大陆之"玉"

可以带回家的水草体验

在农场，观赏了水草，了解了水草文化，品尝了水草料理，就要打道回府了吗？在水草产业链的深化上，徐志雄努力地寻找突破，打造出了水草DIY体验区。在水草DIY体验区里，游客动手制作生态瓶，一边发挥着无限创意，一边又可以更感性地理解水与草的生态知识；农场分享水草制作工艺，收取教学费用，也增加了水草的附加值。亲手制作一个生态瓶带回家，收获的不仅是生活的乐趣和满足感，还留下一段关于农场的美好记忆。

一年吸引十万人来到农场亲手制作水草DIY生态瓶

案例小结

通过休闲农业的视角，胜洋水草休闲农场的发展经验可以总结为：

亲力亲为，用心打造出一个水草王国

对于农场主人徐志雄来说，胜洋水草休闲农场就是一个亲手打造的艺术品。从最初艰难的水草培育，到水草批发经营，到草场转型休闲农场，再到后来水草产品的设计，徐志雄亲身经历了全部的过程。从最初的为了生存，到后来的寻找新的生活方式，徐志雄用心地经营着农场，按照自己的梦想打造着水草王国。他身上的坚韧不拔、创新思变和对美好生活的向往，是胜洋水草休闲农场成功经营的关键。

精准定位，把握市场发展脉络

市场瞬息万变，消费者需求迭代更新，死守旧有的产业和思维模式，终究会被时代的洪流淹没。胜洋水草休闲农场，在经营鳗鱼产业时，就在市场竞争中失败得体无完肤；徐志雄经营草场时期，当水草批发生意遇到瓶颈时，他紧抓市场发展趋势，主动转型成为休闲农场；在休闲农场经营中，他又把握住了时兴的创意经济和体验经济，将文创与水草结合，将水草体验带进农场，取得了巨大的经济效益。

CASE 3

飞牛牧场，
从一产到三产成功转型的典范

大自然的哺育

清晨,在牧场中醒来
推开窗,满眼绿意惹人醉
宛如置身童话世界里的原野牧场
几只牛羊悠哉地吃着嫩草,静谧安好

走出木屋
挤挤牛奶,喂喂羊宝宝
在草原上追追蝴蝶,打打小滚儿
饮一杯浓纯鲜奶,尝一顿牛奶火锅

绿意盎然的生活并不遥远
来吧,舔去嘴角的奶汁
与泥土亲密接触,与小动物尽情畅谈
慢慢地,你会发现,原来大自然带给我们的
不仅是自然、健康与欢乐,还有满满的活力与希望

Part 1
亏损牧场奇迹大翻身

飞牛牧场两位"牛仔先驱"——施尚斌和吴敦瑶,不仅养出了一片属于自己的酪牛天地,更为台湾休闲农业的发展史写下了经典的一页

学成归国,开启台湾酪农业发展史

　　1973年,为发展酪农产业,推广鲜乳改善国民体质,台湾当局招考40名青年精英,分批送往美国及新西兰接受酪农专业训练。两年后,17名精英学成归国,在山地农牧局的协助下,每人贷款84万元新台币,取得三甲土地(约为2.9097公顷)和12头牛,在飞牛牧场现址开创中部青年酪农村,由此开启了台湾酪农业的发展史。

内忧外患,热血青年"如鸟兽散"

人算不如天算,中部青年酪农村刚刚开村不久,就遇上能源危机、鲜奶保质期短、饲养成本过高、乳价偏低、纽澳牛肉开放进口、民众喝鲜奶习惯未养成等问题。短短一年时间,中部青年酪农村经营就陷入困境,当时的17名热血精英陆续离去,最终只剩下施尚斌和吴敦瑶,也就是飞牛牧场现任的两位共同董事长。

绝地求生,亏损牧场意外爆红

施尚斌说,虽然当时去美国学习,亲友们都很羡慕,但在美国的苦与累,只有自己才能体会。归国之后咬牙贷款,本想大展宏图,不料事与愿违,眼看着小伙伴们一个又一个地离开,贷款利息越攀越高,但就此放弃又不甘心。为了求生,施尚斌与吴敦瑶决定搭手,逆势操作。为了降低成本,他俩决定大规模整地,以机械化的方式种植牧场。没想到,这一绝地求生的行为却造就了台湾难得一见的牧野风光,意外吸引了许多协会来此举办活动,甚至吸引台湾知名偶像剧《薰衣草》前来取景拍摄,飞牛牧场由此一炮而红。

大规模整地,竟意外造就了当时台湾难得一见的牧场风光,也开启了飞牛牧场的转型之路

Part 2
师法日本，开启转型之路

几张相片，启发转型之念

然而牧场的爆红并没有让施尚斌和吴敦瑶感到欣慰，反而是被气得要死。那时还没有休闲农业的概念，也没有意识到人潮就等于钱潮，两人反而担心过多的人涌入会引起防疫、垃圾、牛羊惊吓等问题，后来两人甚至把路挖断，不让人进来。

1986年，施尚斌看到了阿姨从日本岩手县小岩井牧场带回的相片，突然茅塞顿开，决定师法日本，转型做牧场观光。

受到小岩井牧场的启发，施尚斌和吴敦瑶决定不再埋头养羊

卖牛筹钱，前往日本取经

观光？养牛？两者如何结合，如何转型？这对只会闷头养牛的施尚斌和吴敦瑶来说，确实是一大难题。经过思索，两人决定忍痛卖牛筹钱，亲自前往日本小岩井牧场考察学习，并将小岩井牧场首席设计师邀请到飞牛牧场给予指导。

统筹规划，一步一个脚印

从决定转型以来，施尚斌和吴敦瑶就坚持统筹规划、分步实施、专业的人做专业的事等原则。牧场的景观规划、营运规划、环境营造、产品开发等都是分别邀请日本、美国、加拿大、德国等国的专家规划和设计的，在地人力主要做现场运营。

加拿大定制的拖拉机观光车 　　别具一格的服务中心

经过几年的用心规划建设，飞牛牧场卖出第一张门票，正式对外开放，从此成为台湾休闲农业先驱之一。在两人几十年如一日的耕耘下，"农二代"也回来了，且都术业有专攻：施尚斌女儿取得了瑞士观光旅游的学位，吴敦瑶两个儿子分别主攻畜牧管理和产品管理。

草原活动区 　　蝴蝶生态区

绵羊宝宝活动区 　　兔宝宝生态区

Part 3
用心做到让人想念

经营理念与牧场使命

名称由来：飞代表蝴蝶，牛代表乳牛。

经营理念：自然、健康、欢乐，通过品质创新、特色经营、亲切服务、永续环保，让来飞牛牧场的人都能拥有美好的回忆，做到让人想念！

飞牛色彩：标准色是以蓝（天空色）、白（牛奶色）、绿（草原色），以一定的比例调和而成的飞牛绿。蓝色代表欢乐的生活假期，白色代表健康的酪农生产，绿色代表自然的永续生态。

牧场使命：通过三生（生活、生产、生态）一体，三育（培育、保/复育、教育）并重的发展策略，永续经营寓教于乐的休闲事业，让大家在"亲近大自然"的生活体验中，学会"尊重大自然"，并力行"爱护大自然"。

既然要做休闲农业，就要做到让人想念。

——施尚斌

白色代表健康的酪农生产

绿色代表自然的永续生态

蓝色代表欢乐的生活假期

用心经营美学

为了提升牧场的观光价值,牧场还用心经营美学,大玩美学体验。建筑的搭建、植物的摘种摆放、每一个产品包装的设计、游览动线的规划等,都融入了美学的思量和专家的建议与规划。其中,凭借日本北海道设计师为飞牛牧场设计的景观,让飞牛牧场入选亚洲最美丽的十大休闲农场景观。

童话美景的背后,是不着痕迹但处处用心的巧妙设计。

这片治愈系草原,曾入选亚洲最美丽的十大休闲农场景观

食自然之味

秉承自然、健康的理念，牧场餐厅使用的蔬菜都由牧场种植，无化肥农药，绿色健康。游客既可以在飞牛餐厅体验中式料理，也可以在红谷会里享受西式美食，甚至还可以到犇牛牛火锅餐厅体验一把以鲜奶为汤底的牛奶火锅。此外，飞牛牧场还提供有汉堡、炸鸡、薯条等速食套餐和代办烤肉服务。

特色的牛奶小火锅与精致的创意美食，这就是飞牛牧场的专属味道

在乳制品专卖店，飞牛牧场结合自家生产的优质鲜乳，多元开发了众多创意特色产品。如手作烤布丁、鲜奶馒头、饮优格、飞牛白布丁、牧场冰激凌、飞牛鲜奶酪、麦芽牛奶、健康轻酸优酪乳、蛋卷、手工饼干、身体系列——香氛护肤品……

飞牛白布丁，与日本北海道牧家技师合作生产，一经推出，即成爆款

飞牛牧场冰激凌

飞牛牧场麦芽牛奶

在森林绿野里安睡

飞牛牧场有牧场原憩、牧场原野两个住宿区,都是浓厚的欧式风格木质建筑。放眼望去,一座座木质的小房子,不就是童话故事里的小木屋吗?留宿牧场,当人潮远去,卸下所有压力,放松心情,尽情感受乡间的气息、生命的律动与大自然的无限美好。

在大自然的怀抱里尽情安睡

大自然,才是孩子最好的老师和玩伴

在飞牛牧场,孩子们不仅可以喝到最新鲜的牛奶,还能给牛妈妈挤奶,喂小羊喝奶,与可爱的蝴蝶、绵羊、兔子、鸭宝宝们互动。

给羊宝宝喂奶　　　　给牛妈妈挤奶

推推牧草，做回幸福农夫 　　　　　　　　　跟着鸭宝宝一起大游行

此外，飞牛牧场还提供了趣味生动的DIY活动，如彩绘肥牛、奶香甜心塔、牛奶鸡蛋糕、牛奶饼干、摇滚瓶中信、冰激凌摇摇乐等，让从小在都市里长大的孩子，感受和体验大自然的真实与奇妙。

彩绘肥牛：画出五彩的奇妙世界 　　　　　　奶香甜心塔：自己的甜点自己做

牛奶鸡蛋糕：回忆小时候的味道 　　　　　　冰激凌摇摇乐：摇出幸福甜滋味

案例小结

通过休闲农业的视角，飞牛牧场的发展经验可以总结为：

请专业的人，做专业的事

从第一产业向第三产业转型，对于两位只会养牛的创始人而言确实是极大的难题与挑战。但他们在牧场最艰难的时候，还能做到放眼国际，坚持找专业的人做专业的事，虚心学习和取经，正是基于这样的视野和雄心，终将飞牛牧场打造成台湾休闲农业的先驱，成为一产向三产成功转型的典范。

不忘初心，几十年如一日的累积

飞牛牧场美得像童话，但这童话美景的背后，是一个亏损牧场的艰难转型之路与两个热血青年对初心的坚守与奋斗的缩影。童话般的原野、天然健康的鲜乳、自然有机的食材、快乐的牛羊、天真的孩童……转型之路不是一蹴而就的，而是几十年如一日血汗奋斗的累积。飞牛牧场的成功，离不开两位创始人的砥砺奋斗，更离不开对理想的坚持与社会价值的思量，这才是做休闲农场的精神！

CASE 4

大湖草莓农场，
探索「小农」变「大农」的秘密

酒庄
DA HU WINERY RESORT

伴手礼馆

草莓文化馆

小草莓与大农会的故事

小草莓，
打开了一颗酸甜水果的粉红世界；
大湖乡，
上演了一个四两拨千斤的传奇故事。
——谁赐予了草莓这般的变化？
——大湖地区农会。
耕植于农业，服务于农民，
将『小农』变成『大农』，
将草莓产业变成梦想事业；
用心，用智慧，用制度，
创造了传奇的大湖草莓亿万财富。

Part 1
小草莓·大产业

在台湾人脑海里，少不了大湖草莓。红艳的色泽，酸甜的口感，尝一口，从舌尖幸福到心底

从「草莓故乡」到「草莓王国」

大湖乡，台湾北部的山乡，四周绕着青山，中部覆着沃野，加上温和多雨的气候，这里便成了农作物的天堂。1957年，还在种稻米的大湖乡尝试引进草莓。令人惊喜的是，引进的草莓成功种植后推广到了整个大湖地区，大湖乡便成了台湾的"草莓故乡"。

"9·21"地震，震碎了台湾人的心，也迎来了农业产业转型的机遇。灾后重建，大湖乡的草莓走上"精致农业"道路，从草莓生产转向休闲农业，由新鲜水果到开发系列衍生品，大湖草莓价值链不断延伸，品牌形象逐步树立，打造成台湾的"草莓王国"。

站着就能摘的草莓

草莓种植,就像金字塔的底座,是大湖草莓休闲产业的基石。对于大湖乡来说,持续改良种植技术、提高草莓品质、满足市场需求,是大湖草莓产业永续经营的保证。将草莓种植从户外露天搬到温室,从农田地头移到高架上,由传统种植改为科技生产,大湖乡一直在寻求突破。种植技术的发展,不仅确保了草莓独特的口感,还为游客创造了更丰富的采摘体验。在温室里,就算是下雨天,游客也可以穿着高跟鞋,优雅地享受采摘草莓的乐趣。

草莓生产技术不断突破,遇见更美好的未来

用草莓酒打出的品牌

　　再优质的农产品，粗暴地闯进市场，也卖不上好价。种了草莓怎么办？直接拿去卖，价格低又容易滞销。为了拓展草莓的销路，增加草莓的附加值，大湖乡走了另一条路——整修闲置仓库，建草莓酒庄，研发酿造技术。目前，酒庄研发的低温酿造技术结合优质的草莓，所产的酒品不仅能保留草莓原有香甜风味，而且口感更加温顺。酒庄成为世界第三个、亚洲第一个草莓酒酿制工厂，研发的酒品屡获大奖，受到消费者的青睐，成功打响了大湖草莓的品牌。

优质的品质，是最好的品牌营销！

一鸣惊人的不只是草莓酒，还有大湖草莓品牌

将草莓加工玩到极致

草莓的精深加工，除了草莓酒外，还能有什么呢？大湖乡用创意研发了丰富的草莓产品，深化和拓展了草莓的价值链，将草莓精深加工玩转到极致，将感官营销发挥到极致。草莓文化馆的商品区，陈列着琳琅满目的草莓商品：草莓酒香肠、草莓冰激凌、草莓蛋糕、草莓香皂、草莓精油……这就是一场满足感官体验的饕餮盛宴。草莓价值链的不断延伸，让大湖草莓的品牌形象更加立体、丰满，更容易深入人心。

草莓饮品

草莓酒蛋、蛋卷

草莓羊乳片

草莓香皂

让大湖草莓讲自己的故事

自然的美可以模仿和复制，但文化的韵味却是独一无二的。为了让酒庄多一份厚度和底蕴，大湖乡走上了文创的道路，让大湖草莓讲自己的故事。整个草莓文化馆集展示、游览、餐饮、体验、购物等功能于一体，将草莓文化立体地展现给游客。其中，草莓生态展示区，讲述了大湖乡草莓种植历史、生长环境和食用方法，让游客更知性地了解每一颗大湖草莓。草莓商品区以草莓为元素，每一个角落都充溢着草莓的粉色和草莓符号，营造出浓郁的草莓文化氛围。在这里，每一件商品都是生动的大湖故事。

轻声诉说大湖草莓的故事

解构
——解密台湾与大陆休闲农业"成功密码"

不接受批发订购的酒庄

普通的商品销售就是将商品送到消费者手上,让商品的价值变现。在酒庄,销售也变得不普通,成了一次绝佳的品牌营销机会。

酒庄里的酒,不接受任何个人或团体的批发订购,想要买到草莓酒,就必须亲自到酒庄来。酒庄设有制酒中心和品尝中心,透过落地玻璃,参观者可以看到制酒的全过程,还可以品尝不同风味的酒品。独特的销售模式,让游客在买酒的过程中再次感受到酒庄的草莓文化和酒文化,形成美丽的酒庄记忆。

销售商品的过程,也是文化营销的过程!

机械化设备,严谨的工艺流程。看得见的品质,触摸得到的安全感

Part 2
农会的力量

在台湾，农会是怎样的存在

在台湾，农会是一个农民参与的非营利性组织，一手扛起了台湾农业现代化和农村经济发展的大旗。在台湾，农会是一个多面体，扮演着多重角色：一是政府政策的"执行者"，承接政府的部分农业职能，如执行土地政策；二是农业生产的"指挥家"，担负农业生产技术指导和农产品加工、销售等任务，为农业生产提供金融、保险业务；三是农民生活的"保育员"，负责农民养老、健康、文化等方面的事务。这种政社合作的经营模式使得台湾农民获益、农村发展、农业增效。

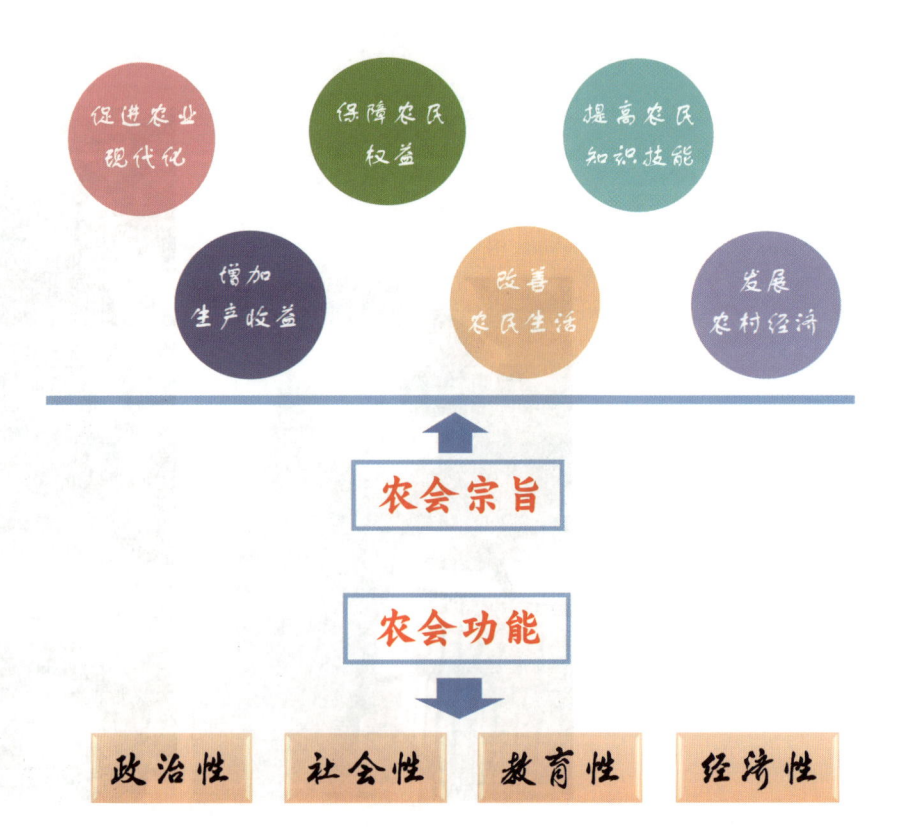

促进农业现代化　　保障农民权益　　提高农民知识技能

增加生产收益　　改善农民生活　　发展农村经济

农会宗旨

农会功能

政治性　　社会性　　教育性　　经济性

解构
——解密台湾与大陆休闲农业"成功密码" 049

农会，积聚资源、搭建平台、活跃市场、疏通渠道。
农民的主心骨，让"小农"变"大农"！

大湖地区农会官方网站界面

农会：酒庄的真正『幕后推手』

大湖草莓休闲酒庄是大湖地区的标志性建筑、独特的地域IP。酒庄不是私人产业，而是由大湖地区农会牵头建立的产业化龙头企业。2000年，大湖地区农会决定转型发展休闲农业，以草莓为基础产业、以酒庄为切入点，将大湖草莓产业拓展到自然观光、草莓采摘、精深加工、文化创意等方面，并将各类业态集聚到统一平台，塑造大湖草莓品牌。在十余年磨砺中，一个貌不惊人的草莓产业搞得虎虎生风，年营业额过亿，开创了4至5亿元新台币商机，成为台湾农会转型经营最为成功的案例。

小农会，大力量

对于大湖草莓产业的发展，大湖地区农会称得上是卓越的策划家和实践者。从草莓生产开始，农会就会介入，统一农户的生产资料和生产技术，保证草莓品质；销售环节，农会负责草莓农药检测、产品加工、包装设计和销售，共同应对市场风险。为了促进大湖地区休闲农业的发展，农会还要研发新的酒品，保证酒庄的持续发展；开发新的草莓商品和伴手礼，时刻感动到访的游客；举办草莓文化节等节庆活动，扩大大湖草莓品牌的影响力。这些都展现出了农会在促进农业发展方面无可替代的作用。

大湖地区农会——大湖草莓产业的孵化器

休旅部
信用部
供销部
推广股
保险部
会务股
企划稽核股
会计股
咨询室

DA HU FARMERS ASSOCIATION

完整的体系、合理的功能、有效的运作，是大湖地区农会的特征

案例小结

通过休闲农业的视角，大湖草莓农场的发展经验可以总结为：

农会牵头，发挥集体力量

大湖地区草莓产业转型发展，农会是掌舵人，又是催化剂，起着不可替代的作用。农会整体把握住了精致农业、休闲农业发展方向，通过文化植入、品牌塑造来增加草莓的附加值。具体把控了从生产到销售的每个环节，保障草莓统一品质和文化品牌塑造；构建统一营销平台，为农户的草莓找到销售通道；取得农民信任，对农户的责任由农业生产延伸到医疗、养老、保险等领域，让农户有归属感和安全感。这些都是农会积聚的集体力量，是成功发展草莓产业的秘诀。

产业融合，塑造草莓品牌

从第一产业延伸至第二、第三产业，不是单纯地追求产业的多、大、全，而是围绕一个主题，立体化形成产业发展合力，共同塑造一个丰满又有底蕴的品牌。大湖地区对生产有机优质草莓的坚守，塑造了"草莓故乡"品牌，奠定了大湖草莓品牌的基石。由第一产业延伸到第二产业时，大湖地区以大湖酒庄打出了草莓酒的品牌；由第一产业延伸到第三产业时，草莓文化展示、草莓餐饮、草莓园采摘体验、草莓艺术节等，既展现出了大湖草莓品牌的文化厚度，也增加了大湖草莓品牌的丰度，成功塑造出大湖草莓品牌。

CASE 5 恒春生态农场，将生态演绎到极致

解 构 053
——解密台湾与大陆休闲农业"成功密码"

将最美的生态还给大自然

这里，是一个梦，
不耕不种，自然而生，
顺时而为，不时不食，
一个『愚人』四十年的『有机梦』。

这里，是一方乐活的世界，
虫鸣鸟叫，蝶舞翩翩，
萤光点点，绿树葱葱，
一方用生命感动灵魂的世界。

这里，是一处教育的天堂，
一草一花，一枝一叶，
自然奥妙，生命感悟，
一处用生态启发智慧的天堂。

Part 1
一位"愚人"四十年的"有机梦"

择一方净土，安享天伦

小时候的张国兴，常常独自一人，父亲的书房便成了最佳的游乐场。在这里，知识慰藉着心灵，滋养着心智，也埋下了"有机梦想"的种子。从书本中他深深地体会到，"资源有限，土地的利用和保护需要寻找到平衡"。

或许是为了那份放不下的"有机梦想"，或许是对土地的无限眷恋，抑或是儿时对"天伦之乐"的憧憬，21岁时张国兴买下了人生中的第一块土地。对于这块位于赤牛岭半山腰上的土地，他的内心充满了期待，憧憬着全家人静静坐在农场草地上，听着虫鸣鸟叫，看着山花烂漫，享受着自然、宁静、温馨的"天伦之乐"。

人世间最美的，不是钱财万贯，而是天伦之乐。

蓝天碧草，虫鸣鸟叫，牵着她手，安享天伦

有机『愚行』，从养羊开始

由于当时羊的经济价值高，且一年两胎，羊粪还可当作有机肥，种植有机蔬果。在几经思考过后，张国兴决定从养羊来开始"有机"之路。理想很丰满，但现实很骨感。由于土地开发面积太小，在有机循环过程中找不到生态与经济的平衡，农场很长一段时间只能靠其他业务来维持生存。在外人眼里，张国兴这个"愚人"做的根本就是赔本买卖。

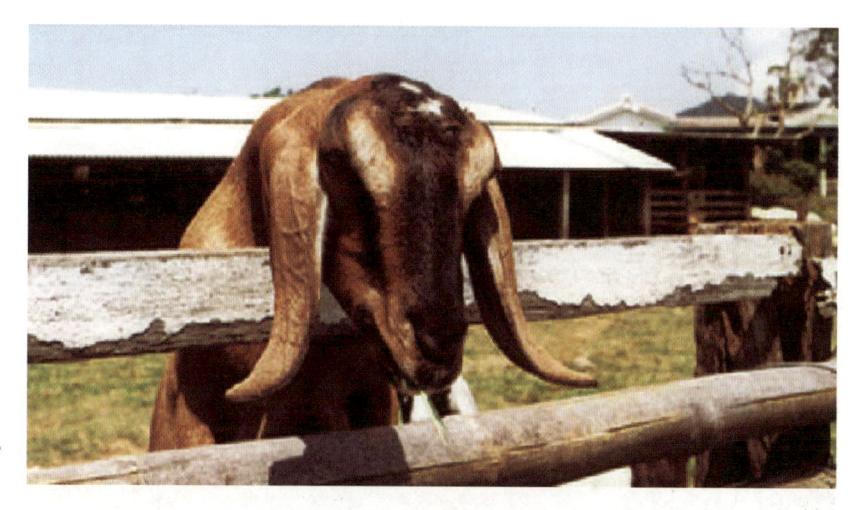

有机之路，漫长曲折，心酸自知

自然农法，抚平土地的创伤

由于常年不停歇的耕作，农场的土地早已饱经沧桑。"我从未只以'赚钱'为目的！"为了让土地恢复生态，张国兴选择了当时最"愚蠢"的办法——自然农法。不施肥，不洒药，不除草，利用自然界生物相生相克原理，让作物自由地竞逐天空，自在地吸收阳光和雨露。几年后，过度使用的土地得到了喘息，农场逐渐变成了生态的天堂。

自然农法，相生相克，自由生长

四十年坚守，只为梦想花开

四十年，时光荏苒，张国兴深深扎根于这方土地，坚持做了一件事情——有机农业。从最初的无限期待，到后来的亏本经营，再到人们的不理解，他为有机农业做尽了"傻事"，这条路也走得格外的孤独与艰辛。如今，农场里虫鸣鸟叫，彩蝶翩翩，萤光闪烁，木棉花鲜艳似火……大自然的生命力触动着每一位来访客人的灵魂，实现了无数家庭的"幸福天伦梦"。四十年的坚守，终于梦想花开。

"愚"，是"大智若愚"，是"择善固执"，是对有机农业的笃定与信仰！

"锄犁耕太平，布衣做公卿"，这幅农场大门上的对联，不仅浓缩了农场主人辛勤耕耘的一生，还显露出农场主人对有机农业事业的坚守和信心

Part 2
大自然赐予的浪漫感动

徜徉在乐活的生态世界

"整个农场的布局，是以自然为主轴，人类农业经济为辅线。"在张国兴的理念下，自由生长的植物、悠闲漫步的动物才是这里的主人。经过自然农法的耕作，被开发过的土地慢慢恢复地力，动植物生态体系慢慢复苏。在农场内，分布有萤火虫复育区、蝴蝶繁衍复育区、动植物昆虫区、赏鸟步道、多种台湾本土树种及恒春半岛特有的热带树种……走进这个乐活世界，每一次呼吸都变得悠长，每一次心跳都变得深远，怕辜负了这方真善美的自然天地。

放慢脚步，从容悠游，感受恒春的真善美和自然的生命力

058 乡村旅游：多业融合
——台湾之"石"与大陆之"玉"

这里也是动物的天堂

土地，质朴而美好。
善待土地，就是善待我们自己。

轻罗小扇扑流萤

经过长年的生态保育，农场的土地和水源避免了污染。萤火虫挂着灯笼就跑了出来，恒春生态农场也成为台湾第一座野外成功抚育萤火虫的场域。全年365天都可以寻觅到萤火虫的踪迹。夜晚，漫步到萤火虫复育区，繁星点缀下，点点绿光如流云，闪烁间点亮着自然的生命之光，带给夜晚别样的生态之美。

星光流萤，生态之美

Part 3
诗意栖居的慢生活

落下你安静的灵魂

农场位于赤牛岭的半山腰上,可以将整个恒春有机半岛最美的风景尽收眼底。按照生态保育理念,采用生态工法,选用木、石等自然材料,搭配现代装饰,在农场最佳的观景点,建造了古朴又不失时尚的观景台,让恒春半岛的美景感动着每一双眼睛,让躁动的灵魂得以安放。

湖光山色,落日余晖,凝固了景致、静止了时光

农场里悠然的慢生活,留一杯茶的时光,等等没有追上的灵魂。

登高远眺,沉浸在恒春之美中

古堡里的雅致与温馨

走进农场，远远望去，一座欧式古堡掩映在葱葱郁郁的树林中，与山、林融为一体。古堡为农场的休闲会所，大厅陈列了各式的翡翠、玉雕、木雕等艺术作品，楼道穿堂设有艺术画廊，刻画着农场主人的人文修养和艺术审美。

古堡提供了五星级国际观光旅馆等级的舒适客房，采用进口大理石内装，尽显高雅。套房含客厅、书房及小阳台，配备桧木养生蒸汽烤箱，让游客在喧嚣的城市之外，尽情地享受雅致、温馨的休闲生活。

放慢脚步，放下烦恼，浓睡不消残酒

舒适温馨，现代雅致

有机食材，慢食生活

远近驰名的土鸡料理，选用生态放养 200 天的土鸡，用古法在瓮中烤制

招牌菜瓮仔鸡：鸡肉鲜嫩弹牙，散发淡淡柴香，叫人回味无穷

吃出"有机"的幸福温度

在农场里，除了看不完的美景外，还有不可辜负的美食。餐厅的食材均选自自家的当季有机蔬果和自由放养的家禽家畜。天然的食材，留存着最自然的鲜度，加上厨师的精致设计，食材与工艺碰撞出的风味美食，不仅是舌尖上的感动，更是"有机"的幸福温度。

Part 4
爱在萤光灿烂时

拥有土地，就拥有责任

对于恒春生态农场来说，生态环境是核心竞争力，也证实了良好的生态是当前社会的稀缺品。目前，全球生态环境正遭受空前破坏，农场的经营不再只是守着一方土地，而应肩负更多的社会责任与担当，让"与自然和平共处"的理念生根发芽。秉承着"拥有土地，就拥有责任"的理念，农场经营有机农业、提供休闲游憩的同时，还为社会提供环境生态教育，让下一代感知大自然的美妙与神奇，埋下保护大自然的种子。

自然的奥妙，生态的永续，理应是孩子们的乐趣

解构 | 063
——解密台湾与大陆休闲农业"成功密码"

学会与自然相处，让未来充满绿色希望，
让农场的生态价值永续发展。

環境教育

1日遊
土地與人類的對話

叫我第一名
認識先驅植物

半日遊
探訪蝴蝶秘境

愛在
螢光燦爛時

恆春生態農場
生態體驗營

环境教育，从娃娃抓起

爱在大自然

在农场里，每一个员工都是环境生态教育的老师，每一寸土地都是环境生态教育的课堂。老师们根据农场里的动植物习性，研发出不同的环境生态教育课程，让孩子们探访蝴蝶的秘境、夜宿萤火虫营地，在快乐游戏中懂得土地与人类的关系、了解自然生物的奥秘、认识蝴蝶和萤火虫的习性……教会孩子们学会保护环境、爱惜自然、尊重世界万物。

案例小结

通过休闲农业的视角，恒春生态农场的发展经验可以总结为：

利用自然界生物相生相克原理，构建了从生态环境到生态产品再到生态经济的有机循环链，实现了生态资本的增值。具体来说：

生态环境是重要的资本

当废水、废气、嘈杂等充溢着城市时，人们才开始意识到生态环境的重要性，生态资源也逐渐成了稀缺资源。得益于小时候的农村生活经历和书本的启发，张国兴从小就意识到土地开发与保护的平衡，并将生态环境视为农场的生命。在历经几十年艰辛的生态哺育后，终于让利用过度的农场恢复了虫鸣鸟叫、绿树繁花的生态环境，也牢牢地握住了吸引城市居民的生态资本。

生态产品设计重视体验，更重视教育

生态环境，是大自然馈赠的浪漫礼物，不是私有财产，需要与更多的人分享，才能创造更大的价值。恒春生态农场设计出生态产品，让更多人来分享这份美好。恒春生态农场的生态产品重视生态体验，夜宿萤火虫基地、探访蝴蝶秘境等，在体验中享受大自然带来的轻松和乐趣；更注重生态教育，通过近距离接触自然，探索自然奥秘，学习自然生态理念，形成尊重自然、保护自然的意识，这也是恒春生态农场的社会责任与使命。

生态经济是永续发展的产业

生态经济，是在生态系统的承载范围内发展经济产业，实现经济发展与环境保护的平衡。生态经济的永续发展，要十分注重生态保护与开发的平衡。恒春生态农场，尊重自然，与自然共生，农场整体布局理念也以自然为主、以人类经济活动为辅，重视土地的保护，正逐渐将生态经济经营成一项永续发展的产业。

五星村，制度创新释放乡村发展活力

CASE 6

五星村
WUXING VILLAGE

乡村旅游：多业融合
——台湾之"石"与大陆之"玉"

乡村振兴的五星实践

你说，没有大山，没有大河求发展，从何谈起？

我说，有区位优势，有水美的人居环境用好政策，发展不是难事！

你说，没有资金，没有产业乡村振兴，从何做起？

我说，机制创新，顺势而为壮大集体经济，乡村振兴指日可待！

五星实践，基层党组织是群众的主心骨企业引领、先进示范富民增收的『新路子』越走越宽敞

Part 1
五星村的蝶变

崇州市白头镇五星村曾是成都市级贫困村。2013年,在扶贫政策的支持下,按照"小规模、组团式、微田园、生态化"的建设理念,五星村开始实施土地综合整治项目,把98%的村民集中安置在三个新村聚居点,集中居住近3000人。在实施新村聚居点建设中,按照旅游小村的标准,配套完善了公共服务管理配套设施,形成阡陌交错、林盘掩映、竹影婆娑的田园风光,成为"微田园"新村样板。

点缀在绿色田园里的五星村

产权融资建新村

在土地整理后,五星村节余400余亩农村集体建设用地。渴望发展的五星村面临两个棘手的问题:土地怎么盘活?建设资金从何而来?

五星村大胆创新,成立了五星土地股份合作社,并将400余亩农村集体建设用地入股合作社,抵押贷款5500万元,用于房屋修建的担保资金。在核算房屋建设成本时,按人均40平方米建房面积标准计算,每人需缴纳修房资金15000元,共筹集修建资金4500万元,另外通过综合利用农业、水利等补贴、改造费用3000多万元,政府不出一分钱,村民只需要花费很小的代价,就改善了居住环境和条件。

五星村"1248"方式，破解资金难题

依托土地综合整理项目，五星村推动农村集体建设用地使用权抵押融资，解决了新村建设"钱从哪里来"的问题，推动农村集体建设用地开发利用，为现代农业转型升级提供要素保障。该模式被总结为"1248"方式，其实践路径如下图所示。

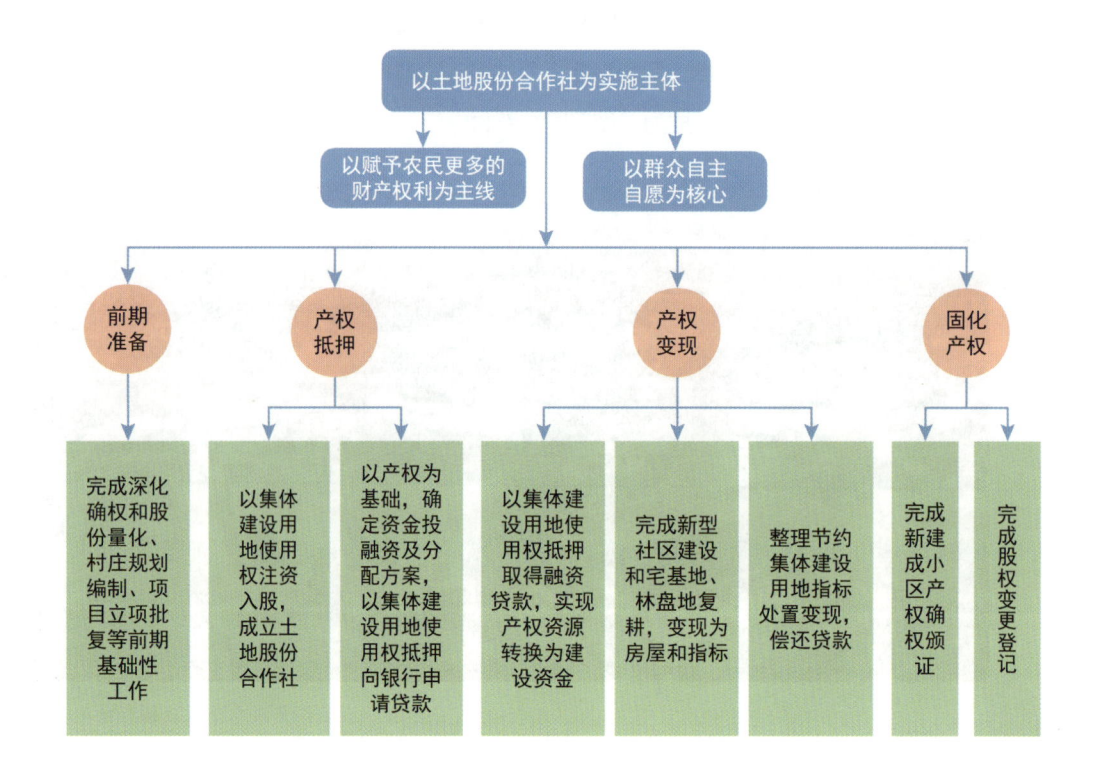

```
                    以土地股份合作社为实施主体
                    ↙                    ↘
        以赋予农民更多的              以群众自主
         财产权利为主线                自愿为核心
        ↙        ↓         ↓          ↓          ↘
      前期      产权       产权       产权        固化
      准备      抵押       变现       变现        产权
       ↓         ↓         ↓         ↓        ↓      ↓      ↓
    完成深化  以集体   以产权为  以集体建  完成新型  整理节约  完成   完成
    确权和股  建设用   基础，确  设用地使  社区建设  集体建设  新建   股权
    份量化、  地使用   定资金投  用权抵押  和宅基地、 用地指标  小区产  变更
    村庄规划  权注资   融资及分  取得融资  林盘复耕， 处置变现， 权确   登记
    编制、项  入股，   配方案，  贷款，实  变现为    偿还贷款  权颁
    目立项批  成立土   以集体建  现产权资  房屋和指标           证
    复等前期  地股份   设用地使  源转换为
    基础性    合作社   用权抵押  建设资金
    工作              向银行申
                      请贷款
```

"1248"方式与传统的土地整理方式相比，充分尊重农民的主体地位，由"政府做主"变为"群众做主"，由"政府投资"变为"市场投资"，拓宽了新农村建设筹资渠道，形成了安置赔付以农村产权为核心的土地综合整理方式。

住上好房子

不仅新村的建设规格很高,新房的规划设计也很超前。外观漂亮,功能布局合理,甚至每个房间都配备了厕所,这一设计细节让房屋非常适合做民宿接待,为五星村村民开展民宿经营埋下了伏笔。

为了保证新村修建按规划落实,五星村实行"统规代建":农民自己出钱,政府统一规划,代为建设,由此避免了修建过程中出现随意改造、乱搭乱建的现象。

白墙黛瓦,闲适自得

超前规划,发展才能提速;
统规代建,步调方能一致。

Part 2
兴旺产业，引领乡村发展

住上了好房子，不等于就过上了好日子。

新村建好后，仍存在很多问题：村民住新房，但仍是老习惯；硬件设施改善，但管理制度没有更新。传统的发展理念、管理方式与五星村新风貌、新需求极为不符，亟待改革的春风。

科技创新 开创新农业

以水稻、小麦、油菜为主导产业的五星村，基于100%规模化种植的良好基础，首先做起了农业的大文章。引进农业科研人才，培养农业职业经理人，建成千亩功能大米基地，研发针对不同年龄群体的功能性大米，打造稳糖米、五星粮油等农产品品牌，逐步积累乡村振兴之路的五星实践经验，为开展农业培训打下坚实基础。

地处北纬30°的五星村，崇农尚耕，在稻田里种出了大文章

参观学习 催生培训产业

2016年，新村修建好之后，前来参观取经的人很多。加之白头镇的"微党校"总校恰好设在五星村，镇上领导建议五星村开办培训班。五星村在村委会活动中心设置了两间教室，首先发展以农村党员为主要对象、以农业为基础的培训产业，推动农村党员思想观念更新、致富技能提升，并取得了良好的效果。随后，通过整合微党课、农民夜校等党员培训教育资源，培训班也升格组建成为崇州农村党员教育学院，解决了农村党员教育"最后一公里"难题。

以新村建设带动培训产业，对五星村来说，是"意料之外"，也是"情理之中"

学院成立3年以来，一方面加强了农村党员和群众的教育培训，推动思想观念更新，先后培训本地群众8000余人次；另一方面，面向全国承接培训业务，发展研学经济，先后培训全国18个省市基层党员干部22000余人次，直接培训收入总计达1840万余元。

学院既是崇州经验的"交流地"，也是农村基层党员的"养料池"。

2017年，五星村又成立了崇州市城乡融合发展研究院，与四川省委党校、省旅游学院合作办学，主要讲授有关土地整理、金融改革、农业供应制度等内容。由此，五星村培训由乡村振兴实践走向理论，不仅做强做大了培训产业，还建成了最接地气的"乡村智库"，集聚了专家学者、各级干部、典型代表、改革操盘手、产业带头人等优质师资，实现了研学产业与乡村互促共进。

学员正在进行实地培训

五星村——四川省四大乡村振兴教学示范基地之一

培训产业带火餐饮、住宿业

五星村有着优美的田园风光，特别是一年一度的赏花节期间，更是游客如潮。在新村建设完成初期，部分农民迫切地将多余的房子拿出来，尝试发展农家乐、民宿等乡村旅游项目。在经营初期，村民都是单打独斗，各自为战，没有形成资源集约利用、市场整体开发的发展模式，很快便陷入了难以维系的困难境地，这也让其他观望的村民产生了重重顾虑，许多房屋出现闲置。农民住上了好房子，却没有过上好日子。

搞乡村旅游没那么简单！
不是把房子一收拾，就能当老板。

红红火火的培训产业带来了大量的人流量，解决了乡村旅游"周末经济""假日经济"的瓶颈，随之而来的接待、餐饮、住宿等服务供不应求。后来，镇政府决定引进外来投资，先做规模较大的中高档餐饮，再发展住宿等其他配套服务产业。五星春天酒店、一满田园餐厅、田园火锅、西江月、初见等住宿、餐饮品牌逐渐红火了起来，企业一带头，村民也积极参与了进来。

企业起示范带头作用，带动广大农户参与住宿、餐饮等业态经营

乡村旅游：多业融合
——台湾之"石"与大陆之"玉"

为避免出现资源闲置浪费、管理粗放落后的状况，五星村成立了五星村星瑞乡村旅游合作社，20多户民宿业主和村民加入合作社，抱团发展，共同增收。乡村旅游合作社采取统一收储房源、统一招商引资、统一产业标准、统一共享客户、统一协调服务的"五统一"方式，升级改造产业发展环境，完成村级资源的初步整合。

针对民宿接待设施和服务，乡村旅游合作社制定了"四有三专"民宿标准。
- 有观景平台
- 有文化空间
- 有体验厨房
- 有菜地小园
- 专业设计
- 专业施工
- 专业运营

"四有三专"，乡村旅游合作社为五星村民宿产业发展保驾护航

为了走上规范化、品质化的发展道路，五星春天酒店作为大型民宿经营主体，在酒店职业经理人的管理下，一方面对住宿产业发展起到示范引领作用；另一方面为合作社的社员提供标准化培训和指导，并根据实际情况，帮助社员承接相应的订单。

村民积极参与民宿业，守着房子富起来

民宿实现抱团发展，不仅整合了原本分散的房源，也增加了村民的就业机会和家庭收入。

塑造"慢生活"的国际范儿

2017年，四川首个天府国际慢城落户崇州，遵循国际慢城的理念，打造以田园风光为主要特色并融入现代文明元素的乡村休闲旅游目的地，成为引领四川慢生活体验、带动四川乡村休闲消费升级的示范区。

天府国际慢城一期主要位于白头镇五星村，重点建设现代农业区、缤纷果园区、锦绣田园区、慢城风情园、酒店民宿群落、湿地休憩公园、运动健身设施、生态治理系统、资源整合类九大项目。依托天府国际慢城，五星村的知名度不断提升，并在原来的"休闲"主题上增添了"康养"板块，让前来五星村的游客深度地"慢"下来。

核心理念："天府味""国际范""慢生活"

俯瞰天府国际慢城 　　第七届自驾赏花节

Part 3
集体经济组织持续发力

壮大集体经济

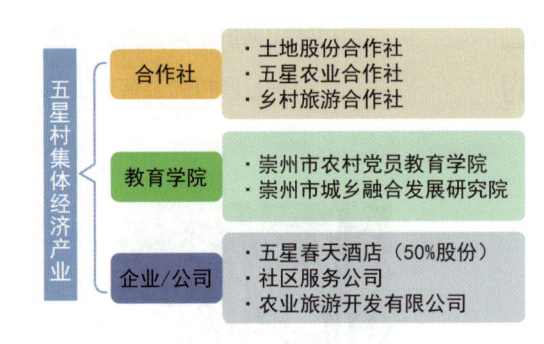

五星村集体经济产业		
合作社	· 土地股份合作社 · 五星农业合作社 · 乡村旅游合作社	
教育学院	· 崇州市农村党员教育学院 · 崇州市城乡融合发展研究院	
企业/公司	· 五星春天酒店（50%股份） · 社区服务公司 · 农业旅游开发有限公司	

五星村的集体经济自新村建设以来，其发展速度和规模令人惊叹。五星实践不是偶然，是在充分发挥基层党组织的核心作用，审时度势、集合优势政策和资源的基础上谋划而生的。尽管它还年轻，但与村民们的联系密切，显现出勃勃的生命力。

合作社

基于<u>土地股份合作社</u>，村民土地100%入股，五星村通过产权融资，顺利完成贷款、建房、还贷等使命，待使命完成也将退出舞台。

<u>五星农业合作社</u>的存在非常必要，因为五星村农业主营种子研发、加工、烘储、销售、品牌打造等全产业链，2019年盈利20多万元。

<u>乡村旅游合作社</u>整合了村民闲散的房屋资源，70余户村民加入了合作社。管理模式主要分为三种模式：村民将清水房拿给合作社经营管理，一年有1万多元房租收益；村民将房屋装修好再交给合作社，一年租金3.6万元；村民不仅将装修好的房屋交给合作社经营，还参与管理，一年可以分到6万元左右。

教育学院

学院既满足自身培训需要，又开展对外培训，发展培训经济。培训产业由村集体全资控股，与每位村民息息相关，发展更长效。

企业 / 公司

一人一半，给五星春天酒店壮胆

最初，在引进外来企业来村里做产业时，大家没有太大信心。为了促成五星春天酒店的落户，镇政府又做了一个大胆的改革：企业和集体经济资产共同投资，各持 50% 的股份以稳定投资者的信心，集体经济签了保底分红，如今每年可以分红 10 万~20 万元。

村民变股东，共同发展集体经济

社区服务公司属于村民全资的集体经济，其业务包括物业管理、商户管理、卫生保洁、小型基础建设等。村民既是股东又是员工，自我服务，既可分红又解决了就业，还进一步做大了集体经济产业。

组团发展，加入农业旅游开发有限公司

借力天府国际慢城项目落户白头镇的契机，白头镇域范围内的六个村（社区）组团发展，每个村（社区）从集体经济中出资 12 万元注册成立了成都慢享白头农业旅游开发有限公司，经营农业观光旅游开发、游览景区管理、农业综合开发、物业管理等 16 个项目。当下，五星村已着手观光小火车项目的经营，探索如何让村民更广泛的参与到集体经济中来。

集体经济发展是农民幸福美好生活的重要依托

五星村走出了一条壮大集体经济、带动群众富民增收的"新路子"

集体经济激发村民内在活力

要发展集体经济，得依靠广大群众；
集体经济要发展，广大群众得"革命"。

能不能干？怎么干？带头人来示范！

五星春天酒店与当地村民的相处经历了较长的磨合期。最初村民认为它抢了大伙儿的生意，断水、断电等恶作剧时有发生。真金不怕火炼，在五星春天酒店规范化、品质化经营的示范带动下，面对日益增长的经济效益，村民们放下了成见，跟着企业家们一起干。

村民思想观念的更新，行为习惯的改善，与农村党员教育学院的长期培训密不可分。为了改变农民多年来的固化思想，五星村党委首先从农民党员抓起，充分发挥他们的引领示范作用。

村民的协调工作，产业效益帮我们做

最初发展集体经济的时候，村民是不配合的。比如做块招牌需要占一点地，那他们是绝不同意的，非扯皮不可。但是近两年，这种现象好多了。

以前村里修公共停车场，需要支付占地费 5 万元 / 亩，如今村民只收租金 600 元 / 亩甚至免费，而且这个协调工作很轻松就做好了。因为这些设施都是为了满足产业发展的需求，产业来帮忙做思想工作，工作就轻松了。

网红公共卫生间

> 五星村的 B 区，修了一座大型的公共卫生间，是一处网红打卡地。这事要是在发展旅游业之前，因占地原因村民是不可能同意的。如今，为了方便游客而修，做餐饮业的人带头支持，顺其自然地就带动其他村民同意修建。

从经验管理走向制度管理

在培训产业做强之后,客源丰富,乡村旅游合作社统一给村民接待户安排客源,在服务要求和规范方面定期做培训和指导。培训效果和服务质量如何检验?客人的反馈最具发言权。若有效投诉1次,一个月不给安排客人;有效投诉2次,两个月不给安排客人。如果接待质量没有改善,慢慢就被淘汰了。乡村旅游合作社制定了很多要求和标准,以前村民是不会听的,现在都会严格遵守。此外,餐饮、休闲、民宿等经营做得好的商家还可以被推荐到五星村微信公众号"党组织推荐"栏目,由此促进经营者之间的良性竞争。

五星村,生动演绎了一个关于贫困村蝶变为中国最美休闲乡村的故事

集体经济发展机制创新

白头镇以五星村为试点，采用合作社＋公司＋农户的发展模式，探索出集体经济"二二三四"发展机制。在新机制的作用下，全村形成了以培训教育、会务参观、民宿经济、高端餐饮为一体的新型乡村业态，成为推动乡村振兴、基层治理的强大引擎和重要支撑。

坚持"两固化"
固化集体经济组织成员
固化集体经营性资产成员持股股份

做到"两精准"
精准选择项目，走特色化产业之路
精准组建团队，走专业化运营之路

搭建"三平台"
城市资本进入平台
引领群众参与平台
引领产业发展平台

实现"四保障"
保障集体收益
保障投资效益
保障群众权益
保障社区公益

集体经济就像一根风筝线，紧紧地把大家抓在了一起。

案例小结

超前的规划设计，赢在起跑线

在乡村旅游旺季，厕所、停车场等公共区域设施设备往往成为破坏游客美好体验的小细节。入住民宿时，房屋内部结构和功能的私密性、便利性也极大地影响着住客的舒适度。因此，做乡村规划、房屋设计时，一定要有超前的理念，着眼长远发展。

机制创新，破解乡村旅游发展的瓶颈

机制创新是乡村旅游发展的永恒动力。五星村以农村集体产权制度改革作为突破点，着力培育农业农村发展新动能。通过产权融资，破解了资金瓶颈；通过发展培训产业，破解了乡村旅游淡旺季瓶颈，同时为餐饮业、民宿业带来源源不断的客源，形成了一条良性循环的旅游产业链。

发挥集体经济组织的平台、纽带作用

在处理村集体经济和外来投资的关系时，五星村负责人认为，在乡村旅游发展之初，若全部让企业投资，企业不敢来。而集体经济也不适宜全资投入，这样很容易滋生官僚意识，管理缺乏活力。因此，专业的人做专业的事，集体经济只投资，企业负责经营，这样在经营采购、人员聘用等方面就有很大的灵活性了。

伴随着乡村振兴的深入推进，各地的集体经济如火如荼地发展壮大。五星村探索出集体经济"二二三四"发展机制，通过发挥集体经济要素聚集的平台功能，引领乡村产业转型升级，形成集体经济与乡村产业共生共荣、互为支撑的良好态势，成为推动乡村振兴、基层治理的强大引擎和重要支撑，对各地集体经济发展壮大具有一定的启发意义。

道明·竹艺村，用艺术点亮乡村

CASE 7

"竹里"绽放的艺术传奇

"绿竹入幽径，青萝拂行衣。欢言得所憩，美酒聊共挥。"

竹艺村，不仅有轻松惬意，还有艺术之光

竹里，是一栋建筑，一个∞符号，也是一份情怀，一个愿景

艺术千姿百态，境界至高至深

何为艺术？

来竹艺村里，寻找答案

道明竹编，2000年的传统技艺，名留青史

陆游代言，《太平时》的文艺，对话现代

设计点亮，新生代竹编人的守艺，造就非凡

用艺术点亮乡村，让文化延续未来

Part 1

道明竹编，遗世两千年

道明竹编部分器具

　　崇州道明镇，竹编传承盛地。2000多年来，这里的人们依竹而居、以竹为器，竹和竹编早已深深地融入日常生活之中，并历经世代传承。但20世纪90年代，受匠人流失和市场萎缩的影响，道明竹编一度没落。

　　在乡村振兴和非遗保护的支持下，道明竹编创新发展出立体竹编、平面竹编、瓷胎竹编三大体系，包括筑、筐、盘、碗等数十个大类，上千个花色品种。2011年，道明竹编被原国家质检总局列为国家地理标志保护产品，道明镇被原文化部命名为"中国民间文化艺术之乡"。2014年，道明竹编列入国家级非物质文化遗产。

竹编艺术垂沉千年，终得名留青史

政策的扶持，匠人的坚守，创意的加持，道明竹编焕发出新的生机

解 构 | 085
——解密台湾与大陆休闲农业"成功密码"

Part 2
"竹里"诞世,惊艳建筑界

千年之缘,赐名『竹艺』

2013年,崇州市的旅游扶贫如火如荼展开,尽管"道明竹编"颇有名气,可经济产值不高,其所在的村庄如何发展?等!万事俱备的道明镇在等待掀起发展浪潮的东风。

2016年,崇州文旅集团将发展的目标锁定在了道明镇。在综合考虑区位交通、自然环境、竹编产业三个因素后,崇州文旅集团最终将目光聚焦到了龙黄村,并选中其中的3个村小组86户人家组成了一个新乡村。从此,这个自然村犹如它的名字——竹艺村一般,绽放出竹子世界中的美好艺术。

竹艺村,一个从乡野田园里生长出的艺术村落

乡村旅游：多业融合
——台湾之"石"与大陆之"玉"

800年前，大咖陆游为崇州代言

竹艺村如何破局？

擅长项目策划的中业文旅公司决定从竹文化入手，挖掘崇州与竹有关的文化、诗词、人物、历史古迹等。随着挖掘的深入，南宋诗人陆游凭借着在崇州做通判（一种官名，相当于现在的地级市副市长）期间留下的百余首描写蜀州山水田园的诗篇，慢慢地走进了人们的视野。

> 太平时　陆游
>
> 竹里房栊一径深。静憺憺。
> 乱红飞尽绿成阴。有鸣禽。
> 临罢兰亭无一事，自修琴。
> 铜炉袅袅海南沉。洗尘襟。

"竹里"二字凝结了整首诗的意境。
竹：展现竹林的自然景致、竹编的文化传承、竹子的清直节气；
里：追求"竹里""心里""景里"的谦得、溯源、平心的状态。

52天，以《太平时》为令，孵化"竹里"项目

陆游陶醉于成都平原独特的林盘文化，写下了《太平时》。项目组以此诗为令，面向全球招募设计师，打造爆品项目，从营销的角度来看这是非常好的起点。最终，中国设计师袁烽对《太平时》的意境高度概括和实体化，用青瓦房以无限形（∞）的造型将"竹里"创意盘旋在乡野之间。

竹里建筑模型

《太平时》的意境羽化成以文创为魂的"网红村落"——竹艺村

竹里建筑俯视图

镶嵌在竹艺村的"竹里"设计感极强。因工期紧张,仅仅耗时52天。整个建筑悬于地面,把对土地的破坏降到最低。除了特立独行的∞符号建筑形态,"竹里"更令人称赞的是巧妙地融合了道明竹编传统工艺特色,让古老的技艺得以传承和复兴。

竹里之夜,静谧深远

乡村旅游：多业融合
——台湾之"石"与大陆之"玉"

竹里成为崇州高颜值的网红打卡地，圈粉无数

竹里建在充满禅意的五根山脚和佛家白塔寺下，又被充满意境的竹林包围，拥有了禅意和佛心

层层青瓦叠摞搭砌

优美的弧度错落有致

创造出了独特的设计感

竹里庭院分为一水一树的两个内院，代表了一阴一阳两种能量

于细节处体现设计之美、文化之韵

竹里不仅有高颜值，也有高品质的接待、餐饮、品茗等服务。

竹里内部空间虽是违和的，但是以玻璃为屏，采光好、视野开阔

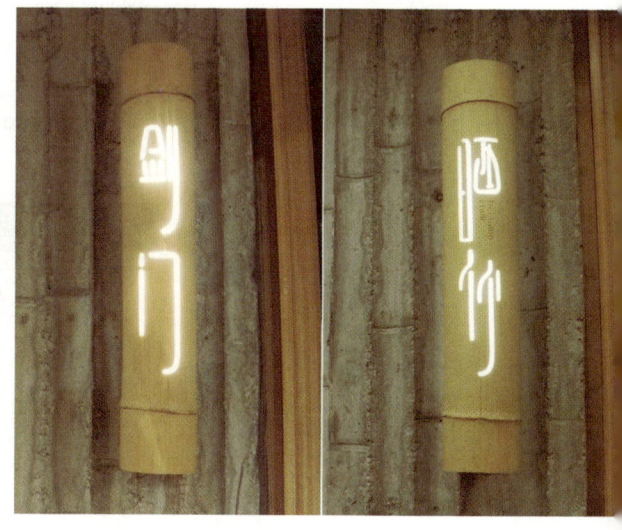

竹里大厅的竹编工艺品　　用竹编工艺步骤命名会客厅、餐饮包间

乡村旅游：多业融合
——台湾之"石"与大陆之"玉"

惊艳国际建筑界

竹里参加芝加哥建筑双年展

竹里凭借独特的设计吸引了国际关注：2017年，受邀参加北美最大建筑盛会之一的芝加哥建筑双年展，荣登艾特奖2017全球获奖榜单——最佳文化空间设计奖；2018年，竹里再次受邀，走进了全世界最受瞩目、最高规格的学术展会——威尼斯建筑双年展，述说新人文主义的乡村未来。

竹里获得中央电视台、美国捷讯、欧联华文网、一带一路网等40多家国内外媒体及近200家网站的关注与报道

Part 3 "竹里"诞世，惊艳建筑界

> 从一个诗词的生活意境创造了建筑，
> 当建筑呈现以后，
> 我们又回到了生活，
> 回到了诗词意境里面的生活。

自 2017 年 3 月起，因竹里项目专程来参观、学习、打卡的考察队伍和游人越来越多，但当时竹艺村的接待量非常有限。为了满足接待需求，从 2017 年年底，崇州文旅集团开始整体规划打造竹艺村，发展乡村旅游。2018 年春，一个旅游配套设施设备基本完善的竹艺村正式营业。

千年之缘，赐名『竹艺』

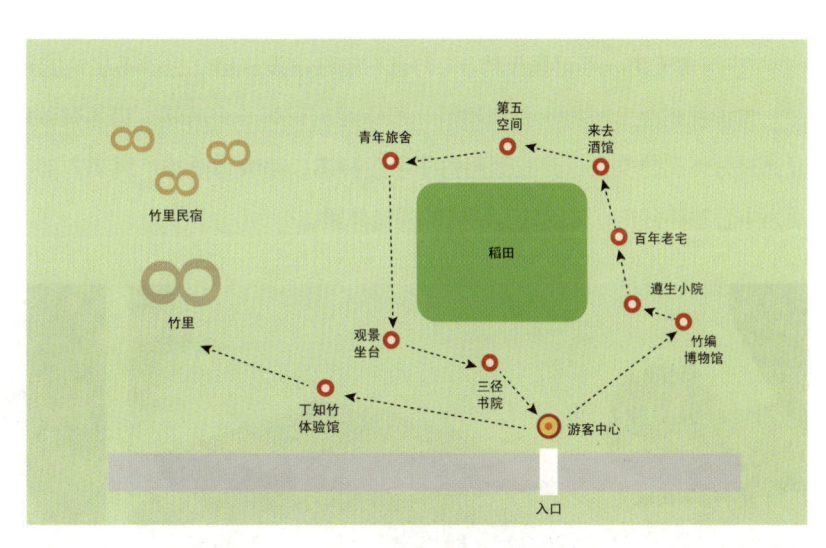

竹里村游览示意图

为保证规划设计理念的统一，前期竹艺村聘请了袁烽老师所在的上海同济大学团队编制村庄规划。后期，崇州文旅集团孵化了一些设计师团队，负责村庄项目的具体设计。如今，竹艺村陆续呈现了竹里民宿、青年旅舍、遵生小院、来去酒馆、三径书院、竹编博物馆和体验馆等供游客观光、休闲、体验的丰富业态。

居不可无竹

竹里民宿

与竹里遥相呼应的 8 间竹里民宿，像藏在绿植里面的珍宝

"宁可食无肉，不可居无竹！"竹艺村的住宿设施自然也少不了竹的元素。

竹里民宿是 8 栋圆形独栋建筑，每栋建筑只有一个房间，错落有致地分布在小山丘上。民宿设计充分体现竹文化，外立面用竹子手工打造，超级有质感！民宿内部设施以建筑中间的露天景观为中心对称分布，带给住客别样的视觉体验。

睡觉也是一种美学享受

食人间烟火

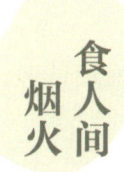

遵生小院

既可以吃柴火鸡、中餐，也可以体验制作花朵刺绣、中药香囊、手工唇膏的遵生小院，屋主是一位热爱传统文化的"新村民"。"遵生"二字取自古代养生集大成的著作《遵生八笺》，屋主希望将古代充满诗意的生活方式带给现代人。

人间烟火也极具生活美学感

晒会太阳，做会手工，享一顿美食，时光就在这小院里偷偷溜走

乡村旅游：多业融合
——台湾之"石"与大陆之"玉"

来去酒馆

且喝一杯茶去，再斟两壶酒来。

千万不要被来去酒馆的名字所忽悠，他家的农家菜飘香千里。三五亲友，在院子里品茗、发呆、晒太阳，怡然自得。

远远望去，院落里热闹的景象一览无余。从院内望向院墙外，青幽幽的农田满眼绿意。这一景致可是来之不易，是设计团队好不容易说服屋主削矮院落的围墙，将留下的墙角做成天然的盆栽。于是才有了"你在田里看风景，我在院里看你"的意境。

院子门口，还保留着院墙原有的高度

三径书院

阅竹简声声

三径书院，古朴的民居里弥散发着书的香味

民居小院改成的书院，修得古香古色。书院主人是一位非常文艺的青年诗人。院内几面墙摆放着各种书籍、诗集，还有很多国内作家和诗人的著作签名本。在闲适的下午，泡一杯清茶，翻一本好书，忘掉时间，再惬意不过了！

溯竹之古今

道明竹编，百折千回依旧匠心传承。不论是博物馆还是体验园，向人们立体、活态、诗意地呈现竹艺村的文化本底和生态系统。

竹编博物馆 / 竹艺工坊

丁知竹非遗体验园

展示竹编产业从研发、备料、生产、展销、教学到休闲的整个体系。从单纯的竹编生产功能转型升级到艺术开发、空间研究，使前端研发与后端营销协同发展

种文化传承之因

研学之旅，以教育链接乡情，让孩子们亲近自然、感受乡村风情、体验乡村生活方式。在青少年心中播种非遗保护与传承的基因。

研学之旅，走进竹艺村

研学实践

Part 4
编织竹艺村自信的未来

公司引领，品质提升

竹艺村的发展需要一个强有力的公司来投资、引领，构建了"平台公司＋土地合作社＋农户"的村庄经营模式。土地合作社负责收集农民闲置的房屋、土地，出租给崇州文旅集团，农民获得固定的租金。公司作为经营管理的主体统一打造房屋后再对外转租招商。这种模式责任主体清晰，农民每年有固定的租金收入，收益稳定且有保障。如果让农民以房屋和土地作为资源来入股合作社，由合作社经营，未来收益情况具有不确定性，农民也存在对经营者不信任等现象。

新村民经营的民宿

在餐饮、民宿经营方面，公司也引领着村民向品质化提升。邀请经营竹里餐饮和民宿的专业团队免费给村民作培训和指导，教他们如何设计店招、选择餐具、装盘食物等。

专业培训，提升餐饮品质

以质朴碰撞国际化

艺术点亮乡村，竹艺村每年都会开展艺术家驻留计划，邀请艺术家来村里创作并提供免费食宿。在这里，中外艺术家们通过创作交流取长补短，经过思想碰撞擦出新的灵感，共同追求着艺术的至高境界，做好非物质文化遗产的保护与传承。

海外驻留艺术家进行在地创作

竹编艺术学术交流与体验

生动的竹艺作品

每一件作品都是中外友谊的见证者

五位东南亚艺术家与道明手艺人在《爱丽丝的椅子》前合影

《爱丽丝的椅子》

菲律宾艺术家作品《神圣的戒指》

在 2019 年成都国际非遗节上，这个由 100 多把旧竹椅搭建的作品是由泰国、马来西亚、菲律宾五位艺术家合作完成的，表现了竹艺村天马行空的想象力以及悠闲舒适的田园生活。

在地工艺创意发展

竹编产业的发展离不开技艺工匠的传承,但大部分村民觉得很多产品的经济价值太低,不愿意去做。比如开业庆典用的一米多高的花篮,配上鲜花后一般市场价150元一对,但编制一个花篮的工钱不到1元。后来,人们慢慢地就不愿意手工编了,改为机器来做,一两分钟就做好了。对于非遗保护而言,道明竹编不应是这样一种发展轨迹。

手工编制一个竹花篮,工钱不到1元

传统"手艺人",更是"守艺人"

在发展进程中,竹艺村与中央美术学院等院校、文化产业机构建立了合作关系,每年选送一批新生代竹编艺人到这些平台进修,技艺提升后慢慢带动竹编产业的发展。通过文创、产业融合等途径,竹艺村与奢侈品牌合作,研发一些更具时尚感、现代化的竹编产品,让村民看到竹编不仅仅是做8毛多钱的东西,也能做8000元、8万元、80万元甚至800万元的产品。

当传统工艺邂逅现代设计,道明竹编产业得以振兴

以"道明"之名,传工匠之心

畅想竹艺村的未来

在竹艺村里，新老村民亲如一家，你来我往，充满情感的寒暄很真挚。冬至节到了，大家自发地出几斤肉、几斤米，提着萝卜白菜、菜板菜刀等会聚到一起，说说笑笑地洗菜、切葱、包饺子，简简单单的食材却吃出了城里尝不到的味道。

平台公司主导做 → 公司带着村民做 → 公司和村民一起做 → 村集体组织自己做

把社区治理的本能，慢慢交还到村民自己的手中

乡村的主人永远是生活在这里的村民。崇州文旅集团作为国企，始终不忘乡村振兴的初心。乡村的振兴不可能单一地依靠某个人或某个组织，也不可能一直靠外来力量推动，"授人以鱼不如授人以渔"，只有让村民学会自治，才能实现村庄的可持续发展。

畅想竹艺村的未来，"道明竹编"不仅是一个地理标志、一个IP，还是能够实实在在带动当地经济发展的产业。也许在不久的将来，竹艺村将被打造成一张像江苏华西村那样响亮的名片。

村民自治能力的提升才是创造农村美好生活的根本

城市要素下乡，共建美好家园

案例小结

开发模式：平台公司 + 土地合作社 + 农户

平台公司为崇州文旅集团旗下的中业投资，是一家全资国有经营性实体开发公司，全面负责竹艺村的规划设计、投资建设、运营管理等。土地合作社是公司与农户合作的桥梁，分别与农户、公司签订合同，主要负责收集农民闲置的房屋、土地，出租给公司后向农户分配租金。由此，责任主体明确，强化了农民的契约精神，也给予平台公司长期投资的安全感。

文化本底、创意引领、设计点亮

文创是生活的艺术化，乡建是艺术化的生活。

每个村庄的乡村肌理、人文情怀不一样，所以才能成就不同乡村的不同风貌和振兴的不同状态。竹艺村的发展基于川西林盘天然的自然肌理，"道明竹编"的文化底蕴，用艺术点亮乡村，带领村民走上了竹编生活化、体验化、产业化、品牌化的道路，拓宽了竹编的应用范围，提升了竹编的经济价值和附加值。

专业团队 + 科学经营

好的策划等于项目成功了一半。中业投资公司负责竹艺村的具体营运管理，始终坚持"策投规建营"五步发展路径，即策划、投资、规划、建设、运营。在自媒体时代、消费多元化时代，如何既做好营销，又更落地化地去做好乡村，这二者之间是需要不断平衡的。竹艺村一面世就成了网红村，这无疑与专业的团队和科学经营管理密不可分。

CASE 8

岳池农家生态文化旅游区，

「诗」与「远方」的美妙邂逅

把诗写在岳池大地上

老农耕耘，秧苗正绿。

西舍成婚，东邻生子。

村姑描眉，养蚕缫丝。

这里，将诗里的岳池农家写在了岳池大地上。

星空帐篷，静观繁星点点。

房车营地，远望悠然南山。

稻田酒店，卧听阵阵蛙声。

这里，将梦里的田园生活安放在了山水之间。

这里，一首沉睡千年的古诗，唤醒了乡村的活力，书写了文旅融合带动乡村振兴的希望与未来。

乡村旅游：多业融合
——台湾之"石"与大陆之"玉"

Part 1
阡陌上的千年"诗意农家"

诗里的岳池农家

800多年前的一个春天，南宋诗人陆游正策马扬鞭，北上奔赴陕西就任。途经岳池时，诗人不禁为眼前的农家春耕景象吸引：老农吆喝着黄牛翻垦耕耘，春雨下田里的秧苗绿得撩人；西舍成婚欢喜，东邻生子喜气，忙坏了亲友买花携酒前来庆贺；农家少女也画着流行的眉毛，还有一身养蚕缫丝的好技艺……或许是对官场纷争心生厌倦，或许是对故乡亲人深切思念，这些本是平常无奇的景象，在诗人眼中却绘成了一幅生动美好、恬静祥和的农家画卷。诗人挥手写下千古名诗《岳池农家》，"农家农家乐复乐"，赋予了岳池这片土地深厚的历史底蕴和文化内涵。

自然清新的田园风光，朴实无华的农家生活，
既是千年前陆游诗里的岳池农家，亦是千年后人们向往的生活。

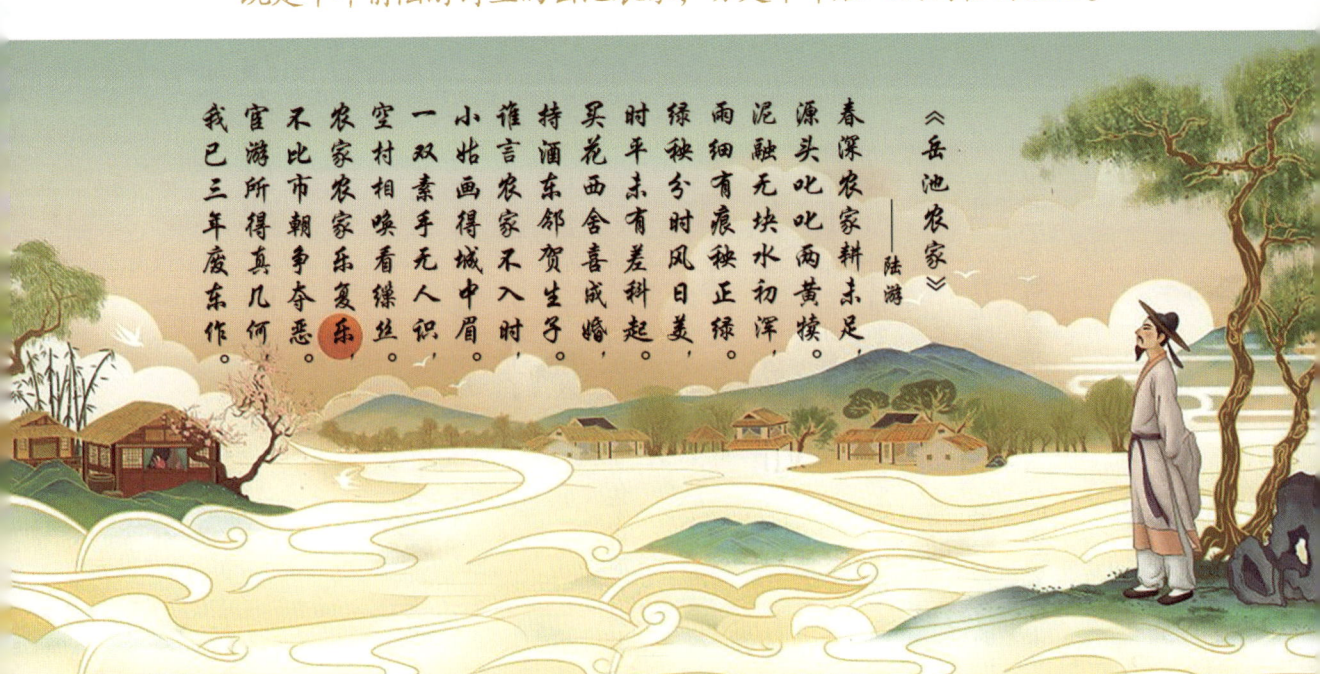

《岳池农家》
——陆游

春深农家耕未足，源头叱叱两黄犊。
泥融无块水初浑，雨细有痕秧正绿。
绿秧分时风日美，时平未有差科起。
买花西舍贺成婚，持酒东邻贺生子。
小姑画得城中眉，一双素手无人识。
空村相唤看缫丝，农家农家乐复乐。
不比市朝争夺恶，宦游所得真几何，
我已三年废东作。

南宋诗人陆游所作《岳池农家》

诗外的文旅融合

近千年来，这一首千古名诗、一处质朴农家让岳池人心中满是自豪。但岳池人也清楚地意识到，仅仅只让这诗停留在纸上、让这农家刻画在诗中，是不会给岳池这片土地带来变化的。如何才能让农家文化在现代生活中发挥价值？这让他们陷入了思考。

文旅融合，是岳池人给出的答案。将旅游作为载体，还原千年前原汁原味的农家生活场景，让更多人感受岳池农家文化的魅力；以文化为灵魂，用高品位的旅游产品满足人们对幸福生活的向往。

文旅融合，让文化不再是束之高阁的奢侈品。

把诗写在阡陌上

把千古名诗写在阡陌上，让农家文化触手可及。按照这样的思路，岳池人开始重新研究这首早已熟烂于心的古诗，筛选出最能代表岳池农家文化的"花、酒、丝、姑"四大元素，提炼出易于呈现的"喜成婚""贺生子""看缫丝"等场景，将诗中的秀美景色和美好意境完美地呈现，让人们穿越时空去触摸800多年前陆游眼中"农家农家乐复乐"的生活场景。

千亩桃花岛

农家酒文化展示区

缫丝文化博览馆

古风"村姑"

在景区里，诗中的"花、酒、丝、姑"交相辉映，呈现出诗中朴素、闲适、恬静的美好画面

买花西舍喜成婚

在西舍婚俗园内,从"媒妁"到"回门",整个传统川东北农家婚俗以不同的形式完整呈现,流露出小农之家平常生活里的自得其乐和幸福喜悦,传递出邻里乡亲质朴的农家情谊。

整个园区内,到处充溢着喜庆的红色,洋溢着幸福和喜悦

当然,你也可以在这里亲身体验一次"买花西舍喜成婚"的特色婚礼

持酒东邻贺生子

在东邻贺子区内,红鸡蛋、红布鞋、抓周物品,展示着农家生子的传统民俗,表达了人丁兴旺的喜悦,以及对新生生命未来的祝福与期许。

瑞应芝兰光门第,祥呈麟趾泽家声

一双素手无人识，空村相唤看缫丝

竹山曲苑，一座有着百年历史的老院落，依山傍水，竹林环绕。在景区开发中，原本破败的老院落并没有被拆除，而是被完整地保留下来并得到修缮。在修缮中，老院落保留了川东北建筑的传统结构，嵌入了现代化的构造和功能，重新展出古朴与现代融合的气质。

前院，缫丝文化博览馆，讲述着蚕桑历史，展演了养蚕缫丝工艺流程，再现了"一双素手无人识，空村相唤看缫丝"的农家生活场景

中院，以传统与现代相融的理念，保持着原有的建筑结构，嵌入现代化的设施，正打造成创客基地

后院，阳光下，可以闻到阳光的味道与竹叶的清香，泡一壶清茶，聊一会家常，静享农家慢生活

Part 2
山水间的现代"田园生活"

把生活安放在田园间

诗里农家生活的再现是传承,岳池农家精神价值的现代表达是发展。青山、绿水、良田,是岳池农家的生态资源和发展优势。将现代生活安放在山水田园间,利用现代科技与乡村美学对岳池农家诗里的意境进行现代化表达,创新开发出丰富的业态,打造了一批"网红"打卡点。观繁星点点,听虫鸣蛙叫,看悠然南山,享现代生活,离田园最近,让生活更美。

=== 星空帐篷酒店 ===

星空帐篷酒店,以帆布帐篷为主题,以星座命名,将现代科技与田园有机融合,突出了爱情和亲子两大元素。白天,配套的泳池、篮球、烧烤等设施,让你在这里尽情撒欢;晚上,守候着繁星点点,在虫鸣蛙叫声中安然入梦。

星空下的帐篷酒店点缀于阡陌之上,任幽鸟啁啾,枕一帘幽梦

稻田酒店

　　稻田酒店，以现代工业风格为主，为独栋装配式集装箱酒店，集餐饮、住宿、娱乐、休闲于一体。酒店安置于山水之间，架空于稻田之上，享受阳光雨露，不惊扰自然，现代风格与自然融为一体，展现出陆游笔下"绿秧分时风日美，雨细有痕秧正绿"的意境。

繁星、蛙声、稻香、绿秧，人与自然，那么远又这么近

房车营地

　　房车营地，位于大力湖西侧，俯瞰之下，湖面波光，层峦山丘，尽收眼底；房车内配套设备简约齐全，温馨雅致。在这里泡一壶老茶，观云卷云舒，叹岁月静好。

房车营地，别样的体验

乡村旅游：多业融合
——台湾之"石"与大陆之"玉"

Part 3
热土上的幸福守望

曾经的穷山村

岳池县白庙镇郑家村，在发展文旅产业前就是川东北中丘地区的一个普通山村。村民世代以种植水稻、小麦、玉米等传统作物为生，尽管每天辛勤劳动，也难以养家糊口。面对这样的状况，越来越多的年轻人选择离开村庄，村里就只剩下守着几亩田地的老人、随处可见的破败旧房、凌乱不堪的生活环境，郑家村成为全县深度贫困村，根本看不到发展的希望。在景区范围内，像郑家村这样的全县贫困村还有9个。

破败的房屋

传统的耕作

凌乱的人居环境

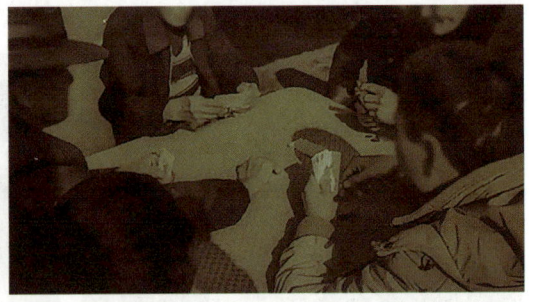

不良社会风气

精准扶贫带来发展希望

郑家村的出路在哪里？2015年，中共中央、国务院提出精准扶贫战略，通过增加扶贫投入，出台优惠政策，注重精准，分类施策，推进贫困地区人民脱贫致富，给像郑家村一样不断衰落的贫困村带来了希望的曙光。

产业培育，为农民寻找增收渠道

扶贫不是简单的造房、修路、补贴等输血式的物质支持，更重要的是通过产业培育激活村庄的造血功能，让农民有尊严地在自己的土地上奋斗出新生活。在这样的理念下，岳池人将当地农家文化资源有效利用，发展文旅产业，创建了岳池农家生态文化旅游区，优先聘用当地农民在景区务工，鼓励农民经营旅游接待和服务，提高农民经济收入；引进农业特色产业，建立千亩桃园、藤椒园、中药材和苗木种植示范园，聘用当地农民到基地务工，就地解决农民就业问题，为农民寻找增收渠道，重振了村民对未来的发展信心与热情。

扶贫的根本在于让农民在自己的土地上过上有尊严的生活。

景区商店里的售货员、民俗表演队里的演员等都是当地的村民。他们不用背井离乡在家门口实现就业，既可以照顾家庭，又有了经济来源

在景区的特色产业种植基地内，农民变身成为"产业工人"，通过自己的辛勤劳动换取工资收入，既规避了小农生产的市场风险，又获得了稳定的经济收入

机制创新，促进农村经济可持续发展

贫困地区经济发展需要引爆点，更需要可持续发展的有效机制。根据这一思路，景区将周围不同村庄联合、不同利益主体连接，通过机制创新促进外来生产要素流入，聚集发展合力，增强农村经济可持续发展动力。景区以郑家村为核心，联合周边六个贫困村，在基础设施、产业发展、基层治理、人才培养等六方面联合发展，形成了"六联"扶贫模式；建立管委会、引进专业公司、成立合作社，创建"景区管委会＋公司＋合作社＋农户"运行机制，加强社会资源与乡村资源的连接，促进农村经济可持续发展。

六联模式

```
                    六联模式
   ┌────┬────┬────┬────┬────┬────┐
支部联合 设施联建 产业联谋 活动联办 人才联育 基层联治
```

景区成立岳池县白庙镇旅游联合党总支，统筹各村资源，通过在六村区域内联动建设通村公路、垃圾污水处理设施，统一供水、供气、供电、供网络等，连片规划建设现代农业产业基地，共同举办乡村旅游文化节，合力回引、培育乡村振兴人才，共建"共防共治"的治理机制，集中连片发展，形成规模效应

"景区管委会＋公司＋合作社＋农户"运行机制

岳池农家生态文化旅游园区管理委员会	岳池银泰投资（控股）有限公司	各村成立乡村旅游合作社	当地农民
景区管委会	国有投资公司	乡村旅游合作社	农民
景区规划 项目引进 建设管理 要素保障	开发建设 运营管理	统一经营民宿 承接节日活动民俗表演 村集体场地出租	自愿申请加入合作社，参与景区乡村旅游经营，获取集体经济收益分红

幸福生活的守望

在岳池农家生态文化旅游区的带动下，曾经的穷山村蜕变成了美丽幸福村。川东北特色的民居，整洁干净的道路，绿意盎然的产业基地，安静的农家书屋，热闹的广场舞，还有一张张洋溢着幸福的笑脸……景区内的基础得到大完善、产业得到大发展、群众得到大实惠、民风得到大提升，实现"田园变公园、山区变景区、产品变商品、农民变老板、弱村变强村"的大转变。2018 年，曾经的县级深度贫困村郑家村村民年人均增收 3000 余元，6 个贫困村及所有 372 户 1189 名贫困人口全面脱贫。未来，村民们坚信文化的滋养和旅游的带动，会带领他们走向更加幸福美好的生活。

在这片熟悉的土地上，在文旅融合发展的带动下，村民们毫不吝啬地用勤劳双手创造着幸福，寻找到了通向美好生活的方向，洋溢着朴实自信的笑容，透露着对未来幸福生活的守望

案例小结

文旅融合,让文化活化起来,让旅游更有魅力

文化若只停留在故纸堆中,旅游还是在游览名山大川,文化产业和旅游产业终究将会失去生命。岳池农家生态文化景区通过文旅融合,以陆游的《岳池农家》为脉,还原诗中的农家场景,活态演绎川东民俗文化,在传承和发展中活化了农家文化,重塑农家文化价值。同时,景区以农家文化为灵魂,借助文化的力量,提升了景区的内涵和品味,塑造了"岳池农家·陆游记"主题文化IP,实现景区产品的个性化、品质化、特色化,让旅游更加富有魅力。

市场导向,业态创新,增强景区发展动力

市场是乡村旅游发展的向导,创新是乡村旅游发展的不竭动力。岳池农家生态文化景区,始终坚持以市场为导向,抓住现代人对乡村的真正需求,在开发农家文化主题产品的同时,通过创意化的思维、平台、渠道,引进了外来企业投资开发稻田酒店、房车营地、星空帐篷酒店等特色住宿业态。新业态与田园融为一体,既迎合了现代人亲近自然的需求,又满足对舒适精致生活的追求,一经推出就引爆市场,成为"网红打卡地",从周围的景区中脱颖而出。

机制创新,促进农村经济可持续发展

岳池农家生态文化景区创新形成"支部联合、设施联建、产业连片、人才联育、活动联办、基层联治"的"六联"扶贫模式和"景区管委会+公司+合作社+农户"运行机制。"六联"扶贫模式将周围村庄连片开发,更能有效地集中资金、土地、人才、政策等要素,形成发展合力,发挥规模效益,共同实现脱贫致富。在"景区管委会+公司+合作社+农户"运行机制中,管委会、公司、合作社、农户各主体分工合作、各司其职,有条不紊地推进景区科学发展,形成一个共建共享的空间。

稻乡渔歌

chanson de terre

稻乡渔歌田园综合体，"共生经济"模式的探索与实践

CASE 9

原乡

乐归田园，相遇美好

乡村旅游：多业融合
——台湾之"石"与大陆之"玉"

稻乡里的秘境 渔歌中的丰年

林盘宅院，道尽稻乡生活的温情；艺术民宿，绘满现代时尚的色彩；朴素的日子也可以过得诗意与精致。

蜀水悠长，浸润着清新自然；稻鱼共生，循环着生态健康；有机食材从田间走向餐桌撩拨味蕾。

田园里，孩子快乐地探索自然奥秘；田园里，艺术家们沉醉地寻找灵感；田园里，青年们激情地追逐着梦想，多元业态以共生的姿态激活乡村的动力。

这里，正上演着企业与农民共同主演的乡村振兴大戏；

这里，正谱写着乡村生态、文化、产业共同繁荣的稻乡渔歌。

Part 1
从寂寂无闻到未来可期

成都平原上的普通乡村

几年前,大邑县董场镇的祥和村,还只是成都远郊一个普通得不能再普通的乡村。和成都平原众多乡村一样,蜀水、良田、林盘是良好的生态本底但并非独具特色的资源;水稻、油菜、小麦等传统农业高产优质但也只够养家糊口;越来越多人在家门口找不到出路就外出务工,村里剩下的便是年久失修的林盘、泥泞的小路……这既是祥和村的现实,也是成都平原上众多乡村面临的困境。那么试问,像祥和村这样一个寂寂无闻的平原乡村如何才能脱颖而出?

在成都平原上,有像蒲江明月村、邛崃大梁酒庄、大邑幸福公社这样全国知名的"网红村",但还有更多的像祥和村这样的普通村庄需要振兴,需要找到能够让这些村庄的生态、文化、产业转值或增值的有效路径

未来可期的稻乡渔歌

在乡村振兴实践中，政府的引导从来不会缺席。各级政府通过梳理村庄的资源优势，把准了市场对生态、健康、休闲、度假的需求，确定了祥和村田园休闲度假的发展方向，并成功招引了大资本企业朗基尚善公司落地。朗基尚善公司拟投资 20 亿元，建设稻乡渔歌田园综合体。资金到位了，如何让田园综合体给这个普通乡村带来变化？这是摆在当地政府、公司和农民面前的难题。

一个的精致有活力的田园综合体已现雏形，一个美丽幸福的家园未来可期

与其说在"破题"，还不如说在探索与创新。朗基尚善公司落户，为乡村输入了资本、技术、管理经验等要素，更带来了全新的视野和理念。充分尊重当地生态、文化、产业、人才，敏锐洞悉现代市场需求，让在地性和现代性和谐共生，稻乡渔歌正在创新探索"共生经济"模式，打造一个产业链共生平台，将一个传统村落蝶变为集生态农业、康养休闲、田园教育、文化体验等农商文旅体多业融合的现代化乡村精品公园社区。如今，这幅美丽蓝图正在乡村大地上徐徐展开，稻乡渔歌，未来可期。

Part 2
文化共生·川西林盘的现代表达

林盘里的文化与记忆

依水而生，随田散居，茂林修竹，川西林盘是成都平原独有的传统生态聚落，是天府农耕文化的重要载体。要抓住天府农耕文化的内核，就要抓住川西林盘的精神内涵。在稻乡渔歌艺术中心，掩映在茂林里的川西建筑镶嵌在田园里，与自然和谐统一；青瓦白墙，穿斗檐长，保留着传统的生存智慧和建筑艺术；还有盖碗茶、手工竹编、川菜、川戏……最地道的川西生活，最幸福的乡愁记忆。这里是展示和体验天府文化的川西林盘聚落，也是静享安逸生活、安放浓郁乡愁的地方。

——— 空间·和谐共生 ———

整体空间　稻乡渔歌艺术中心镶嵌在大田中，环抱在溪流间，掩映在修竹里，保留林盘与自然和谐统一的格局

林盘空间　在稻乡渔歌艺术中心内，河塘、茂林、绿植相互交织，保持着乡村充满生机活力的生态基底

院落空间　在稻乡渔歌艺术中心内，曲径通幽，屋院相通，还有微田园，再现了川西民居内人们友好互助、自给自足的生活场景

建筑·智慧与艺术的结合

青瓦出长檐　外挑跑马廊　悬崖伸吊脚　穿斗格子墙

稻乡渔歌艺术中心建筑，保留了川西传统建筑独具特色的结构和风貌，并根据现代需求和审美进行了合理的转译，再现了人们顺应自然的生存智慧、兼具实用性和艺术性的建筑美学

文化·乡愁记忆

春生　夏长　秋收　冬藏

临湖坝子，川西盖碗茶；当地匠人的竹编作品，装饰院落的空间；院落内，还可以看川剧、品川菜、体验民间娱乐，体验川西生活

在稻乡渔歌艺术中心周围的农田里，利用当地的稻草、竹篾、泥土等材料，运用传统工艺设计了象征春生、夏长、秋收、冬藏的景观，再现了林盘人家顺应时节生产生活的传统农耕文化

解构
——解密台湾与大陆休闲农业"成功密码" | 123

田园里的精致生活

在稻乡渔歌艺术中心,川西林盘的精神内涵和文化气质是灵魂,林盘内植入的现代文化和功能则是新的吸引点。传统与现代共生,将会碰撞出不一样的火花。稻乡渔歌艺术中心,在保持传统川西民居建筑结构和风貌的同时,建筑建造采用了定制化的设计,运用了全装配式钢结构新技术,选用了水泥纤维板新材料,绿色、环保、高效;根据现代人的需求对建筑空间结构重新设计,植入了新功能,延续川西林盘及民居尊重自然、追求生态和谐的精神内涵,让人们在感受林盘里的传统川西生活的同时也能享受更精致的现代生活。

在"土气"的外表里植入"洋气"的现代生活,
民宿既要"土得洋气",又要"洋得土气"。

明亮的客厅,将外面的田园引进来,这里,你可以静坐、品茗、发呆;温馨的卧室,满是舒适和温暖,这里,你可以拥抱暖梦;简约的厨房,齐全的各类用具,这里,你可以动动手犒劳自己的味蕾

宽敞的会议室,可以满足商务会谈的需求;日式的庭院,透露出异域风情的味道;清澈的水景,让院落分外的灵动

Part 3
生态共生·岷江水润里的稻香鱼美

以水为脉,演绎生态水乡之美

水是天府农耕文化的重要来源和根本精神,也是川西平原的生态本底。稻乡渔歌,置身于岷江水系环绕中,东面西河滋养,西面铁西河浸润,孕育出肥沃的黑土,形成了沃野千里的农业生态景观。在田园综合体打造中,稻乡渔歌抓住了水这一在地的生态要素,通过水体的延伸串联湿地、林盘、绿道、田园等生态要素,水穿行田间、环绕林盘、连接湿地、平行绿道,各生态要素相互交织,和谐共生,形成了一幅富有诗情画意的山水田园画卷,演绎着生态水乡的灵动、生气和活力。

纵横交错的水网系统,方便农业生产,又是重要的生态本底

西江月湿地公园,清澈的水体滋养着绿色的植物,曲折的木栈道拉近了人与自然的距离

小院门前,溪水缓缓流过,沾染了生命的气息,也是一道亮丽的风景

林盘前绿水环绕,也浇灌着院前的农田,呈现出"一水护田将绿绕"的生态景观

解 构
——解密台湾与大陆休闲农业"成功密码"

稻田立体种养，打造农业共生生态系统

稻乡渔歌也为乡村带来健康产业的理念，致力于将传统农业产业升级为健康大产业，升级的突破口就是稻田立体种养体系的建立。根据自然相生相克的原理，种植泰米、黑米等优质稻的农田里，放养鸭、鱼、虾、蟹，不撒农药、不施化肥，通过自然生态系统的物质循环，实现了稻鸭、稻鱼、稻虾、稻蟹的共生，生产出生态有机稻米和肥美的鸭、鱼、虾、蟹，在带给游客健康美味食材的同时延长了农业产业链条，实现了农业产业增值。

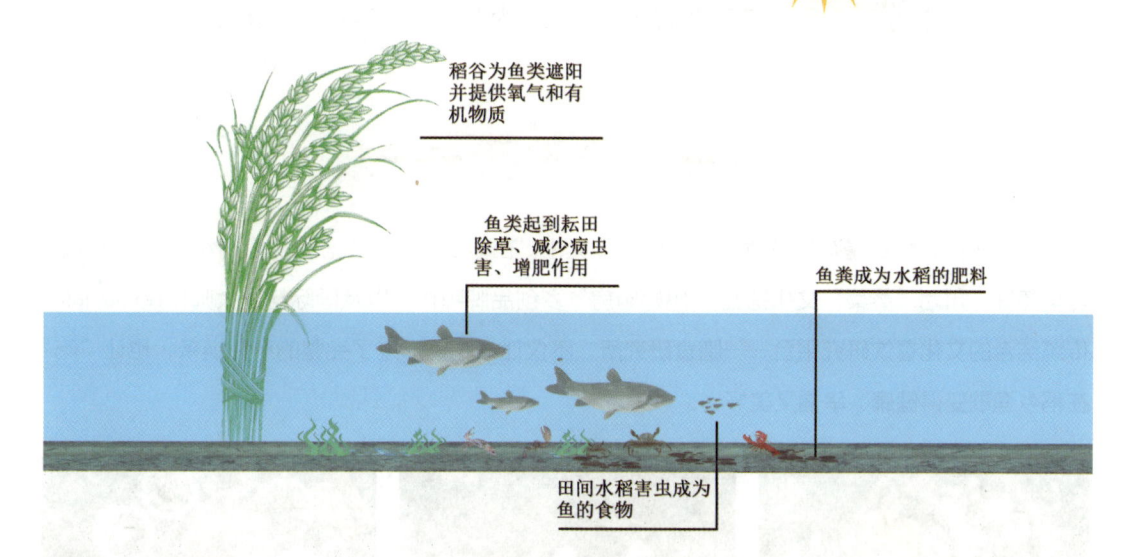

- 稻谷为鱼类遮阳并提供氧气和有机物质
- 鱼类起到耘田除草、减少病虫害、增肥作用
- 鱼粪成为水稻的肥料
- 田间水稻害虫成为鱼的食物

在稻乡渔歌里，稻田里错落有致地生长着泰米、黑米等优质水稻；水稻下的鱼、虾、蟹欢腾地游荡……这便是稻田立体种养生态系统，物质生态循环，稻鱼、稻虾、稻蟹共生，成为独具特色的"共生经济"符号

当前，稻乡渔歌与中国农科院合作研究孵化渔香贡米、稻鸭、稻鱼等特色农产品，打造"产—供—品"品质管理体系，开启"眼见为实"的健康消费放心模式，将生态健康送至城市居民的餐桌

乡村旅游：多业融合
——台湾之"石"与大陆之"玉"

Part 4
产业共生·田园上的农商文旅体融合

多业融合，打造产业共生平台

没有产业支撑的田园综合体终究会失去生命。稻乡渔歌，在发展现代农业的基础上，以乡村旅游为纽带，整合和引进餐饮美食、特色住宿、田园教育、文化创意、乡村创业等产业，不断优化产业环境，拓展产业链条，打造和谐共生的产业发展平台，构建全新的乡村产业体系，促进农商文旅体融合发展。同时也丰富了田园综合体的业态，为游客提供了多样化的体验。

==== 食在田园 ====

食在田园，食的是有机食材，食的是饮食文化。在稻乡渔歌，生态有机食材种养，传统地道美食烹饪，川西"蒸菜"文化挖掘，"妈妈厨房"乡创品牌孵化，以及国际料理大师打造的时尚与传统结合的文化餐饮研究平台——膳食研究所，不仅让"吃"形成了完整的产业链条，也让"吃"在稻乡渔歌变得健康、幸福又美好。

新鲜的食材+精湛的工艺，烹饪出色香味俱佳的美食，流淌着妈妈的味道

"天府第一蒸"，直径达11米、高6米，由1134片竹片组成，是成功申请了上海大世界基尼斯纪录的最大蒸笼。最大蒸笼一次可以蒸出4000余道美味佳肴，供千人食用，代表着川西传统道地饮食文化的魂

宿在田园

宿在田园，一舍一院一田一园，开窗见绿，推门即景。在稻乡渔歌，将川西林盘文化传承与民宿体验结合，用建筑艺术还原体验式田园生活。同时，引入荷兰管家学院，将西方管家文化融入民宿，打造首个田园民宿管家品牌，用服务的艺术续写自然之美。

荷兰管家学院落户稻乡渔歌，不仅将全方位为每一位到访民宿的客户提供田园定制化服务，更将融合西方管理理念和中国传统文化，培养高素质、专业化的田园民宿管家，打造田园民宿管家品牌

教在田园

逐风天地，野望自然，孩子的教育本应回归自然。稻乡渔歌，倾注对孩子的期待与爱，以"大地赠给孩子们的田园课堂"为基底，打造营地教育品牌——米粒营。米粒营：秉持"溯源、农耕、生态"的观念，将自然课程与传统农耕文化结合，传承千年文化，让田园与孩子们共生长。

在米粒营里，有小孩子青睐的萌宠互动、农耕体验、农食制作等课程，还有大孩子钟爱的自然认识、食育教育、川西皮影、童军营等课程，让孩子们在大自然里自由撒欢，在快乐中学习成长

艺在田园

空间承载向往，艺术赞美生活。在稻乡渔歌里，田园上宁静、安逸、闲适的生活，藏纳世间的万千视野，呈现出与众不同的艺术灵感。这里，不仅常有艺术家前来小住，在田野与自然中感悟生活，寻找创作灵感，也有多个艺术社群落户和孵化，营造了良好的艺术创作氛围。未来，这里将成为重要的精神与活动地标。

在稻乡渔歌，艺术既以这里的生活为载体，又让这里的生活更富有诗意和内涵

创在田园

创业在田园，是振兴乡村产业和人才的有效途径。稻乡渔歌里的青农创业孵化中心，以"稻乡渔歌"田园综合体为载体，以扶持青年农民创业为目标，整合多方资源，搭建集政策扶持、创业培训、人才培养、技术培育、金融支撑、产学研合作和综合服务于一体的田园创业孵化服务平台。

青农创业孵化中心设有创业共享空间、路演场地、培训功能室等硬件配套，为有理想、有技能、有激情的新型青年农民提供创业发展的理想园地

青农创业孵化中心首批孵化咖啡品牌——米咖啡

Part 5
社企共生·谱写乡村振兴里的稻乡渔歌

共创共建，共享美好生活

稻乡渔歌，根植于乡村，离不开当地的农民，将当地农民的幸福生活纳入发展蓝图中。在田园综合体打造中，路、水、电、气等基础设施不断完善，田园、水系、湿地等生态环境得以整治，农民令人羡慕地生产、生活在现代又诗意的家园里。同时，稻乡渔歌为了让当地农民有尊严地留下来，通过举办教育培养人才、发展产业增加就业、创新机制实现资源增值，拓展农民增收渠道，引导农民共同参与乡村建设，与稻乡渔歌一道共创"远者来、近者悦"的美好生活。

培养新时代的新农民

为挖掘农村人力资源，提高农民生产和服务技能，稻乡渔歌创办了非营利性的职业教育机构——乐农学院。乐农学院主要根据稻乡渔歌用工需求和当地农产业发展需求，依托荷兰国际管家学院和国内农业院校、科研机构，对当地农民进行现代农业种养、服务技能、建筑装配等方面的培训，培养现代农业种养人才、现代田园服务管家、现代田园绿建工人，为田园综合体和当地经济发展提供人才支撑。

培养一人成才，带动一行发展，振兴一片乡村。乐农学院对农民的教育培训，让当地农民更有能力、更有信心、更有责任地主动参与乡村建设

产业发展，增加就业

让农民就地就业，就是让农民的勤劳有奔头。稻乡渔歌用工以聘用当地农民优先，园区内的保安、保洁、建筑装配工人等都来自本地。此外，稻乡渔歌孵化的创业品牌，如妈妈厨房解决就业20人左右；依托本地木雕、藤编、竹编等发展特色手工业，就地解决了手工艺人和普通农民就业。

稻乡渔歌入驻后，很多外出务工农民回家就业。目前稻乡渔歌已解决了200多人就业，人均增收2200元

资源变资产，资产引资本

随着稻乡渔歌落地推进，各村成立了土地合作社，将农民土地集中后流转给稻乡渔歌，农民土地流转租金的70%作为保底收入，30%作为股金入股，将土地资源变成资产。稻乡渔歌采用土地托管模式，连片推进7000亩土地规模经营，实行"农业职业经理人＋精品农业项目"经营方式，实现了传统农业的转型发展。随着区域价值的提升，吸引了更多元产业资源、更充盈的资本汇聚，为农民带来更多元化的收入。

土地合作社的成立，实现了土地规模经营，也让土地资源变成了资产

案例小结

城市资本下乡，是激活乡村资源，不是掠夺乡村资源

在乡村振兴的背景下，城市成本向乡村流动，不是以新的姿态变本加厉地掠夺乡村资源，让乡村资源成为企业逐利的资本，而是通过资本注入盘活乡村资源，促进乡村资源转值、增值和农民增收，实现企业和乡村共赢。在稻乡渔歌，朗基尚善公司20亿元的投资，没有把当地农民排斥在发展之外，而是通过引进国内外先进理念和技术，搭建"共生经济"平台，推进当地稻田立体种养现代农业发展，举办教育帮助当地农民就业、创业，流转土地实现土地资源增值，在增强稻乡渔歌发展活力的同时也促进了乡村发展。

共生经济，在地资源的现代化表达

共生经济，立足于在地的传统资源，并根据新的市场需求对在地传统资源进行现代化的表达，激发传统资源的现代价值，让传统和现代和谐共生。稻乡渔歌，以当地的文化、生态、产业和人力资源为基础，以林盘为载体，留存天府农耕文化，植入新构造、新功能，满足现代人的审美与居住需求；以水系为基底，营造良好的生态环境，发展稻田立体种养系统，满足现代人对生态、健康的需求；以农业为基础，衍生出田园教育、乡村艺术、乡村创业等产业；以农民为对象，培养符合市场需求的新农民，实现传统资源的增值和乡村的发展。

借鉴
REFERENCE
采撷台湾休闲农业发展"石之精华"

借鉴一

发展的组织平台协会：台湾休闲农业

引领发展的平台"设计师"
经营理念先进的"企业家"
暖心为农服务的"娘家人"

Part 1
引领发展的平台"设计师"

行业协会百花齐放

在台湾，休闲农业的快速发展离不开农业委员会和各县市农业主管部门的大力推动、管理与辅导，更离不开以农会为代表的农民合作经济组织、休闲农业发展协会、休闲农业学会、农业策略联盟发展协会、台湾乡村旅游协会等行业协会的组织与推广。

这些行业协会不仅是休闲农业从业者自发成立的交流合作组织，更是引领休闲农业产业发展平台的"设计师"，是联结政府、市场与农户之间的沟通桥梁，在行业管理、人员培育、产业辅导、资讯传递、营销推广、产学研平台搭建等方面发挥着重要作用。

深入农村基层的农会组织

在众多的组织平台中，特别值得一提的是台湾的农会。台湾农会最早可以追溯到1900年，经过一百多年的演变和发展，不仅成长为台湾历史最悠久、分布范围最广、组织最庞大、影响最深远的基层农民组织，也是一个集公共组织、企业组织和非营利组织为一体的多功能综合性组织。

台湾各层级农会数量及功能

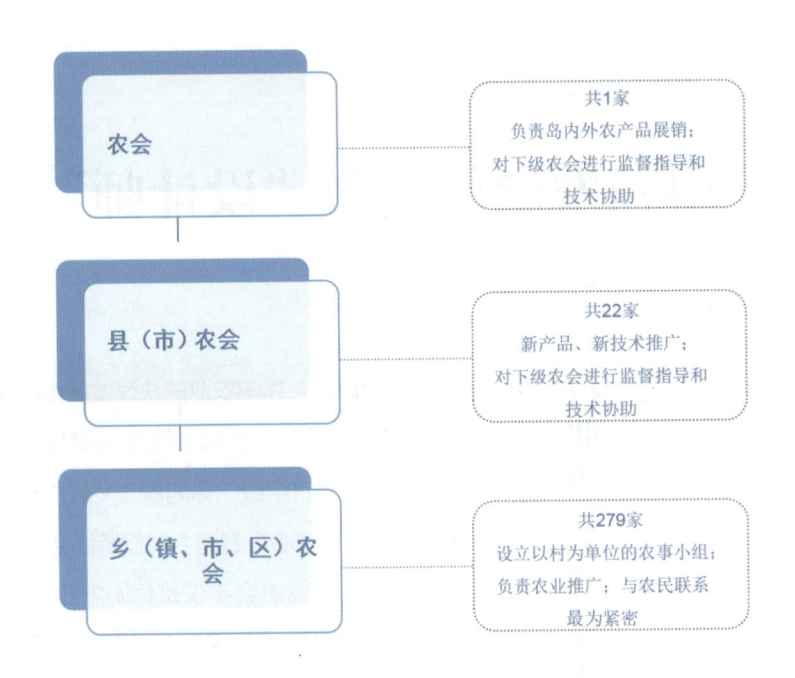

```
农会 ──────── 共1家
              负责岛内外农产品展销；
              对下级农会进行监督指导和
              技术协助
  │
  ▼
县（市）农会 ──── 共22家
              新产品、新技术推广；
              对下级农会进行监督指导和
              技术协助
  │
  ▼
乡（镇、市、区）农会 ── 共279家
              设立以村为单位的农事小组；
              负责农业推广；与农民联系
              最为紧密
```

台湾农会总共分为三级：一级农会即全岛的农会，负责筹办岛内外农产品展销会；二级农会即县市级农会，主要负责农业新技术、新品种的推广；三级农会即乡镇一级的农会，是农会组织系统中最具实际功能的组织，也是与农民联系最紧密的基层单位，一般拥有供销、推广、保险、信用四个部门。

苗栗县大湖地区农会

农会办公区
多功能农民活动中心
草莓文化馆
1F 农特产品展售区
2F 放映室 展览室
3F 草莓生态展示区
4F 餐饮区 空中花园
农村休闲酒庄
A栋 酿酒厂区
B栋 1F 酒品区 果茶区
B栋 2F 景观咖啡区
湖花恋花园区

从景观标识牌上简单的指示性文字中，可以看出大湖地区农会完整的产业链条和强大的经济实力

Part 2
经营理念先进的"企业家"

三权分开

台湾农会坚持"决策权、监督权、执行权"三权分开的权责划分管理制度。

会员代表大会为农会的最高决策机构，选举产生监事会和理事会；

理事会为农会的执行机构，聘请总干事，负责农会各业务部门的运营与管理；

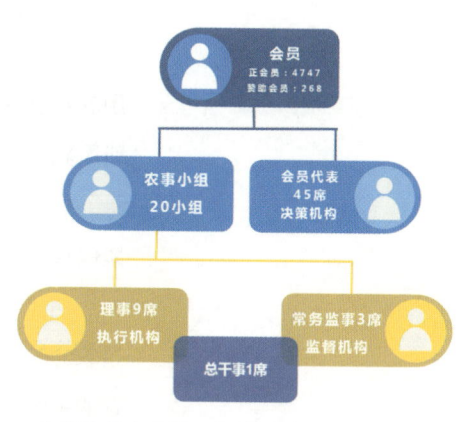

监事会为农会的监督机构，负责监督农会的运营管理；

三权分开的原则不仅体现在农会各部门机构的具体设置中，在职员的选拔聘用程序上同样遵循这一原则。

会员 正会员：4747 赞助会员：268

农事小组 20小组

会员代表 45席 决策机构

理事9席 执行机构

常务监事3席 监督机构

总干事1席

大湖地区农会的三权分开及职员选用程序

四大功能

台湾农会以保障农民权益，提高农民知识技能，促进农业现代化，增加生产收益，改善农民生活，发展农村经济为宗旨，组织功能齐全，业务多达21项，涵盖了政治、经济、社会、教育各个方面，并形成了完整的服务体系。

- **经济性功能**：农产品运销与农资、日用品供应，农业仓库，会员金融、农村旅游等业务
- **教育性功能**：农业推广、培训，农事指导、示范等业务
- **社会性功能**：农村文化、医疗卫生、福利及救济事业业务
- **政治性功能**：保障农民权益，代理公库、执行政府委托业务

核心业务

在众多的业务中，**供销**、**信用**、**推广**、**保险**是台湾农会的四大核心业务。其中：

供销部：打破市场信息不对称，联结小农户与大市场，在产前、产中、产后均为农户们提供服务，解决农民的后顾之忧。

推广部：提高农民知识技能，增加生产收益、提高经营效率、改善生产环境；办理农业资金和生产资料补助，辅导农民正确使用农药及病虫害防治；办理及推广地方文化福利事业，改变农村新风貌。

保险部：代办农业保险和农民保险业务，如家畜保险、农民健康保险、全民健康保险和老年农民福利津贴等。

信用部：被誉为"农民的银行"，为农民提供存款、贷款业务，是农会的主要盈利部门，也是政府发放涉农专案贷款及各项涉农补贴的主要渠道。

供销部
- 供销肥料、农用资材包装纸箱及生产器具等
- 供销农民常用日用品及民生必需品
- 办理农特产品共同运销
- 通过产销班等组织加强宣传
- 办理及落实农特产品分级包装

推广部
- 农事推广
- 四健推广（针对青少年）
- 家政推广教育（针对妇女）
- 农村文化福利业务等

保险部
- 会员、非会员农民健康保险及眷属全民健康保险业务、老农津贴、生育丧葬补助
- 汽车（机车）强制保险、任意保险业务
- 灾害保险

信用部
- 存款业务：定期、活期存款、支票存款、代收税款、代收发票
- 稽核业务：稽查各项业务
- 放款业务：担保放款、无担保收款、政府专业及农业贷款

Part 3
暖心为农服务的"娘家人"

在台湾，深入基层社会的农会是与农民联系最紧密的组织，其业务范围涉及农民生活的方方面面，并以"保障农民权益，提高农民知识技能，促进农业现代化，增加生产收益，改善农民生活，发展农村经济"为宗旨。作为农民自己的组织，农会就像暖心的"娘家人"一样，一直是台湾农民坚强的后盾，是台湾农业腾飞的基石。

- 从立法层面，确保农民在各级代表和理事、监事中的出任比例，保障农民的自治权和发言权
- 台湾约80%的农民将资金存在农会信用部，约70%的农民通过农会信用部获得生产生活所需的融资服务

| 小农变大农 | 真正的农民组织 | 以农为本的公益性社团 | "农民的银行" | "农民的保险管家" |

- 依托农会，将分散的农户组织起来，形成合力，提高市场谈判能力
- "农会法"规定农会经营以收补支，收入的62%以上需用于补助农业技术推广及文化、社会服务等事业
- 除了经营性保险业务外，农会还为会员统一支付农业保险费，为70岁以上的老年人缴纳健康养老保险

"苗栗县大湖地区农会"先后设立信用部清安、新开、南湖、大湖等分部，为乡民提供存款、放款、通汇、代缴电费、水费、"国民"年金、劳健保费，代扣电话费、代扣天然气、代理公库、代收各类税款、代售统一发票、人民币买卖等业务

借鉴二

主人：独特的人文魅力
台湾休闲农业

情怀实践家
生活分享家
暖心大管家
草根故事家

Part 1
情怀实践家

台湾休闲农场和民宿之所以让人留恋，很大程度上是因为从业者的心态和主人的情怀。这些民宿和农场主人，或是都市退休渴望回归乡野的老人，或是回乡创业的青年，或是饮水思源带领族人"筑巢圆梦"的企业家，或是为了"换个活法"的都市白领、教师、艺术家等。怀着这样的初心打造农场和民宿，自然也就少了些许商业的气息，多了点艺术人文格调和情怀的沉淀。所以，与其说他们是在用心经营农场和民宿，不如说是在实践自己的情怀和梦想，是在精心打造属于自己的理想乐园……

始于情怀，终于梦想。

台湾人气民宿 Top 1 —— 云山水，圆了主人丁大哥在乡村的山水间安度晚年的梦想

Part 2
生活分享家

台湾休闲农业发展协会秘书长游文宏曾说过，台湾的休闲农业，不是观光，也不是旅游，而是生活！的确，观光和旅游需要的是新鲜感，但休闲的生活不一样，它更多的是一种体验，这种体验可以让你想念，可以吸引你一而再、再而三地来。

如果说民宿或农场是休闲生活文化的静态展示空间，那他们的主人就是休闲生活文化的动态演绎者。他们就像是生活的分享家，在经营民宿和农场的同时，像朋友一般将自己的生活方式和生活态度向客人分享，让客人真正地走进、体验和融入他们的世界。

什么样的情怀，决定什么样的生活。

在向日葵农场，与农场主人一起感受朴实的农家生活，唤醒您儿时的记忆

在卓也小屋，向主人请教乡土文化传播与时尚运营的诀窍

借鉴
——采撷台湾休闲农业发展"石之精华" 143

Part 3
暖心大管家

　　在台湾，很多主人把经营农场和民宿看作一项交朋友的事业，他们珍惜每一位客人的到来，把客人看作远道而来的朋友，甚至是看作家人。他们往往身兼数职，像贴心服务的大管家，一会儿是主人，一会儿又是司机、导游、礼宾，甚至有时还是大厨。从他们的身上，格外能彰显出台湾人浓浓的人情味儿，您可以与主人一起用餐，一起在客厅里闲话家常；一起劳作，一起感受和分享生活中的点滴美好……

　　人生难得是欢聚，天地奇缘正相逢。
　　这就是台湾休闲农业独特的人文魅力！

在胜洋水草休闲农场里，徐志雄既是这里的主人，又是贴心的管家，更是熟练的向导

在桃米社区，解说员不只是介绍景点，更是真诚地与到访的客人分享大自然与生活中的真、善、美

乡村旅游：多业融合
——台湾之"石"与大陆之"玉"

Part 4
草根故事家

卓也小屋主人正在讲述蓝染的故事

在台湾，无论是民宿还是休闲农场，都非常具有故事性，而且几乎每一位农场主和民宿主人，甚至是普通的员工都很会讲故事。在他们眼里，无论是农场和民宿的创业、传承，还是当地的风土人文，一草一木、一景一物，都可以是故事的源泉。走进一座民宿，就像是打开了一段往事；走进一个农场，就似开启了一段传奇。不仅如此，几乎每一个农场都设有专门的会议接待室，而且大多数的主人将自己的经验整理成PPT，非常乐意与到来的客人交流、分享。

农场里的放映室，不仅是配套功能的延伸，更是对外交流与分享的重要窗口

借鉴三

文创的灵魂与精髓：台湾休闲农业

源头：对在地元素的深度挖掘
创意：接地气又脑洞大开的美妙想象
设计：兼具时尚美学与实用功能的创造
展示：营造无处不在的感动

乡村旅游：多业融合
——台湾之"石"与大陆之"玉"

Part 1
源头：对在地元素的深度挖掘

在地元素，文化符码

飞牛牧场将奶牛的文化符号用在了商品上，桃米村把青蛙的故事讲到了极致，卓也小屋的蓝染也走上了国际舞台……在台湾，每一个农场都散发着独特的气质，感动着每一位到访的客人。而每一处感动，都少不了在地元素的温度。自然的生态、独具特色的文化、传统的优势产业、盛大的地方节庆等，这些在地元素经过挖掘、淬炼和演绎，成为承载主人情怀和感动游客的文化符码。

从飞牛牧场的奶牛，到桃米村的青蛙，农场主人都精巧地运用了在地元素，并创造出了巨大的价值

深度挖掘，文创源头

在台湾农场主人的眼里，在地元素就是融化在农场血脉里的基因，是文创的源头、故事的根本和品牌感动的基石。他们特别善于将在地元素进行梳理和挖掘，提取有代表性的文化符号，再衍生出多元的文创商品，塑造独有的品牌，用在地元素讲自己的故事，用质朴的生活留给游客难以忘怀的情感铭记。

飞牛牧场身体护理产品 　　　　飞牛牧场优酪乳 　　　　飞牛牧场鲜奶酪

胜洋水草休闲农场创意商品

从飞牛牧场以牛为主题元素设计的特色商品，到胜洋水草休闲农场以水草为主题的水草产品，既讲述了休闲农业过去的故事，又满足了现代人对自然、健康和时尚的需求

Part 2
创意：接地气又脑洞大开的美妙想象

创意无限，点石成金

迈进台湾农场，总能在不经意间寻觅到意料之外的惊喜，牵引出"哇"声一片的激动。创意，于细节之处，如润物的春雨，悄无声息地将农场的平淡化为神奇。再普通不过的头城农场叶拓T恤，印上不断更新的植物叶子图案后便成了"爆款"；桃米村的湖旁，用弹簧和木头制成会晃动的小木船，成了文艺青年的"打卡地"……在农场里，质朴的一草一木，邂逅脑洞大开的创意，就成了时尚的艺术品，这些"网红"们一次又一次成为当地旅游发展的引爆点。

在桃米村，除了有洁白的纸教堂外，还有摇晃的小白船等其他装置艺术，用创意和艺术点缀着社区

破坏性创新，永续性发展

台湾的农场主人，就像一个个武林高手，都身怀着十八般武艺，努力塑造出农场的个性，不断开创出市场的蓝海。但各路高手都有着共同的绝技，都擅长以独特的视野把握农业发展和消费行为的风潮，以创意思维将在地元素解构、关联和重组，开发引领浪潮的全新产品。用破坏性创新赋予在地元素全新的生命和价值，让农场不断用新的故事去感动游客，这也是台湾休闲农业永续发展的法宝之一。

借 鉴
——采撷台湾休闲农业发展"石之精华"

Part 3
设计：兼具时尚美学与实用功能的创造

在台湾，设计不再是功能与美感的孰轻孰重，而是二者的相融相合。台湾的休闲农业产品，有着一套独特的设计理念：注重产品的实用功能，诉说产品的情感故事，再加上极简、流行、细腻的时尚美学设计，最终让产品由基本的必需品化身为有手感温度、有情感记忆和有文化底蕴的艺术品。在这三个维度中，设计，有了独特的价值，成为凸显功能、承载情感的创新，在展现实用性的前提下创造无限的惊喜。

在卓也小屋，不仅恢复了传统的蓝染技艺，更将蓝染的技艺带进了生活，再加上时尚的美学设计，更走上了国际的舞台

Part 4
展示：营造无处不在的感动

将文化符号和IP用到极致

从在地元素提炼的文化符号和形成的IP，就如同水草一样，蔓延至农场的每一个角落。农场里的景观小品、伴手礼的包装盒、建筑的铺装和装饰……都绽放着美丽的文化符号。飞牛牧场里奶牛的卡通图案萌化了来访的客人，大湖草莓庄园里充溢着草莓的色彩，将文化符号和IP运用得越是淋漓尽致，农场整体空间的渲染力就越大，带给游客的惊喜度越高，这也是台湾休闲农场制胜的法宝。

案例

南投县溪头妖怪村：无处不在的妖怪故事

在南投县溪头自然教育园区旁，绿意盎然的深山里隐匿着一个日式聚落，讲述着森林里的妖怪故事。踏进园区，映入眼帘的不是恐怖、阴森的场景，而是搞怪、萌萌哒的妖怪形象。园区以"枯麻"（小黑熊形象）和"巴豆"（小云豹形象）两位除妖英雄为IP形象，抓住"妖"的主题，开发了溪头妖怪村美食枯麻烧了、"妖气冲天""辣不屎你"等"妖里妖气"的菜色，演艺"枯麻巴豆表演秀"，并以"枯麻""巴豆"的故事为核心打造出主题民宿，销售妖怪主题伴手礼，无处不在地讲述关于妖怪的故事。

营造无处不在的感动

台湾休闲农场主题的展示，细腻到每一寸土地，又丰富到每一个维度。除了文化符号营造的感动外，质朴的建筑形态，温馨的内部陈设，与农场主题相融相合，让感动暖到了心间；盛大的节庆活动，更是农场主题集中展示的高地，从活动主题、活动内容到场景布设，将农场的文化与感动立体地呈现，为游客创造独特的回忆；农场主人道出的心酸坚守，百年工艺的展示，当代年轻人的传承……无不处处营造着感动。

借鉴四

业态：台湾休闲农业发展的重要基石

"三生一体"的发展理念
"在地主义"的彰显与实践
业态的立体融合与共生

Part 1
"三生一体"的发展理念

三生一体,永续发展

"三生一体",即生产、生活、生态融为一体。台湾休闲农业发展,以"三生一体"为理念,正将传统农业升级打造为永续经营的产业。农业生产,注重生态,运用科技,朝永续发展的绿色产业迈进;农民生活,安乐富足,衍生出了乐活、纯朴、恬静的乡村生活美学;农村生态,青山秀水,蓊郁苍翠,营造出万物共荣的生态环境。

生产、生活、生态空间的三位一体,赋予了台湾乡村别样的美感,是深居喧嚣都市的人们向往的生活意境,也是台湾休闲农业发展的重要基石。

农村文化
农家生活

富足的农民生活

生活

台湾休闲农业产业

生产　　生态

农林牧副渔生产　　田园景观
农业经营活动　　自然生态
　　　　　　　　环境资源

永续发展的绿色产业　　万物共生的生态环境

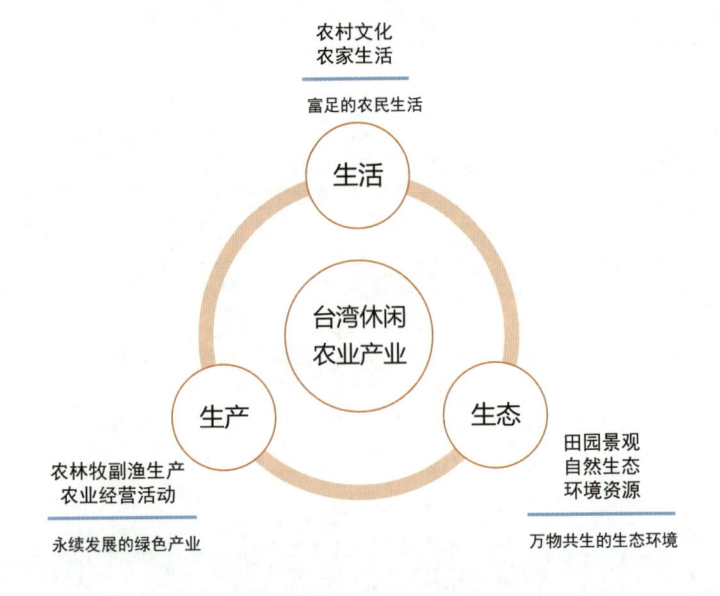

道生一,一生二,二生三,三生万物。台湾休闲农业产业的发展,将生产、生活、生态"三生"融为一体,形成了一个共生共荣的有机体,散发出独特的魅力,生发出了永续发展的产业

生态为本，价值显现

在生态环境不断恶化、食品安全问题日益严重的趋势下，台湾休闲农业发展更加注重有机生态。不施化肥，不洒农药，利用自然生物相生相克的原理，生产出有机的天然农产品；把自然工法融入乡村建筑，就地取材，顺应地势，不对周围生态系统造成损害；哺育濒临灭绝的本土物种，蝴蝶、青蛙、萤火虫……又奏响了大自然的生命乐章。近年来，台湾的生态特质和价值逐年显现，为城市游客营造了轻松、闲适的休闲空间，为青少年提供了天然、有趣的自然课堂，成为休闲农业产业发展的核心竞争力。

案例

三富休闲农场：鸟语花香，让幸福洋溢绵延的生态花园

在台湾宜兰县的冬山乡，有一个充溢着幸福味道的生态农场——三富休闲农场。进入农场，扑面而来的是自然气息和满眼葱绿。这里的白天，花木扶疏的庭院里有绿荫清泉，清澈荡漾的池水中鸭鱼成群，蝴蝶、蜻蜓、甲虫自在地飞翔，客人们惬意地喂着鱼，悠闲地与鹦鹉嬉戏……这里的晚上，树蛙在林间鸣叫，萤火虫打着灯笼跑了出来，召唤着客人前去探索神奇的大自然……

这生机勃勃的世界来源于农场主人对"爱护土地"初心的坚守，不使用农药，不施用化肥，利用一物克一物、一物育一物的原理，让各种植物与昆虫保持自然的食物链关系。动植物自然、和谐地生长，上演着动人的自然生态秀，洋溢着最自然、最原始的幸福，成为吸引游客的重要资源。

Part 2
"在地主义"的彰显与实践

从泥土里生出来的产业

休闲农业，从泥土里开始孕育，将田园、自然、生态幻化成诗意的桃源秘境，把农家生活、乡里故事编织成美好的情感铭记，让身体停歇，让灵魂追上。在台湾，休闲农业有着明显的"在地主义"特征：泥土里生长的农产品，成为精致伴手礼的原料来源；泥土的劳作孕育了乡土文化，平添了农场的独特气质；泥土上的农民生活，也成为体验农家的乐趣，整个休闲农业产业弥散着浓郁的泥土芬芳，没有丝毫的山寨都市的味道。

水草、草莓、向日葵……不同的主题，在地的特色，既区隔出了市场，又弥漫着乡土的气息

在地主义，原味乡村

大湖草莓休闲农庄专注有悠久种植历史的草莓，卓也小屋让本土的蓝染技艺焕发生机，优游吧斯坚守着百年的部落文化……每一座农场，根植于在地的文化、产业和生态，朝着社会发展的浪潮合理地向外延展，不断地用创意丰富整个机体，在自然、和谐的场域中讲述着在地的故事。在地主义的逻辑，让台湾休闲农业产业富有了灵魂，即使竞争者有了同样的建筑、产业、环境，但仍无法拥有原农场的本底。

邹人勇士原生态的祭祀舞蹈

Part 3
业态的立体融合与共生

在台湾，休闲农业有着神奇的魔力，能让传统的农业换上新颜，化成农业与其他产业融合发展的复合型产业，散发出浓郁的生命气息。由休闲农业衍生出的农业观光、农产品精深加工、文化创意、餐饮住宿、生态教育等，如同一棵生机勃勃的大树，不仅茁壮地向上生长，延伸产业链条，还不断枝繁叶茂地丰富着休闲业态。业态立体地融合与共生，塑造出独特的品牌形象。

休闲农业业态树

由休闲农业链接的业态，不是简单的罗列与叠加，而是更深层次的融合与共生

借鉴五

营销：台湾休闲农业腾飞的翅膀

心灵营销：把握消费痛点，勾起心灵悸动
故事营销：讲温情的故事，把感动带回家
体验营销：设计独特体验，创造无可取代
　　　　　的回忆
整合营销：利用网络与信息技术，将营销
　　　　　融入每个环节

Part 1
心灵营销：把握消费痛点，勾起心灵悸动

在《营销革命3.0》中，现代营销学之父菲利普·科特勒将营销分为三个阶段：以产品为中心的1.0时代、以顾客需求为中心的2.0时代、以情感需求为中心的3.0时代。此后，在2012年首届世界营销峰会上，菲利普·科特勒提出了全新的心灵营销理论。心灵营销实际上是营销3.0的具体体现，反映了营销理念从产品到顾客再到人文精神的时代转变。

在这个信息爆炸的时代，只有那些跳脱商品的物质表象层面，洞悉消费痛点，带给消费者更多心理的满足和情感的关怀，甚至是引发消费者情感共鸣和心灵憧憬的营销才能成为得胜者。在台湾，心灵营销法则的运用，不仅成功助力了客家桐花祭桐花蓝海的开辟，更是掀起了心灵消费的浪潮。

最高级的营销，就是打动人心。

案例

"花见幸福"庄园：在这里，看得见幸福

鹅黄色的建筑，铁铸的吊灯，吊式的植栽，可爱的邮筒……文艺、温暖、有格调，民宿外精巧的设计一下子抓住了客人的心，让客人来不及想敲开"花见幸福"的大门。

在门口，总有位洋溢着灿烂笑容的女主人，耐心地等待客人到来，热情地带领客人参观。在民宿内，温馨的房间里是自然不做作的装饰风格，柔暖的大床，精巧的设施，还有特别设计的阳台，温暖着客人的心灵。

每天早上，主人会别出心裁地设计制作花朵中式早餐，营养丰富又精致可口，"有缘"的话还能品一杯主人特制的饮品。在民宿的日子里，你可以随心所欲地与主人聊聊生活、工作、梦想，细细品味世外桃源般的慢生活，静静感受生命里邂逅的幸福。

"花见幸福"庄园是善用心灵营销的典范，以幸福为主题，加上温馨的服务，直击客人的心灵。这个被誉为幸福朝圣地的庄园，不仅是一家民宿，更是一个创造幸福惊喜、传递着爱与浪漫的地方。

Part 2
故事营销：讲温情的故事，把感动带回家

爱听故事是人的天性，故事始终有种让人无法抵抗的魅力，它不仅存在于电影、小说或是童话中，亦存在于我们日常生活的点滴里。亚里士多德曾说："我们无法通过智力去影响别人，情感却能做到这一点。"故事营销就是利用人们爱听故事的天性，通过动人的故事把产品的历史、人文、内涵、精神向顾客娓娓道来，并在潜移默化中感染消费者，将消费者对物化的产品需求，提升为更高层次的情感需求。

一个成功的品牌，必须是一个会讲故事的品牌，因为品牌的价值不仅在于产品物理价值，更在于其背后的故事情感价值。一个引人入胜的故事，能够将营销隐于无形；一个好的故事，能让品牌鲜活灵动，更具有感染力和号召力。台湾非常重视产品和品牌的故事性，甚至还通过"青年农民故事营销训练"等培训提升农场主、民宿主发掘故事、讲故事的能力。

品牌的形成过程，也是情感故事内化为产品的过程。

案 例

薰衣草森林，一个梦想与勇气的故事

在台湾，薰衣草森林的故事可谓是家喻户晓。约30岁时，在台北银行上班的慧君与来自高雄的钢琴老师庭妃相遇，一个梦想开一间咖啡屋，一个想要一片薰衣草田，就这样两个女孩一拍即合，各自辞掉了工作，到台湾中部的山区开启了一段浪漫的筑梦之旅。神秘的山林咖啡屋、浪漫的紫色薰衣草田，加上两个女生逐梦的故事，很快就被广为传颂。

Part 3

体验营销：设计独特体验，创造无可取代的回忆

体验，俘获消费者的芳心

台湾农场里有"两怪"：鸡、鸭、鹅不再是圈养的家禽；柑橘、番茄、南瓜种了也不当产品卖。然而围绕这些农产品设计的体验活动，却让参与的游客盛开了灿烂的笑容。在体验经济时代，单一的产品或服务已很难俘获消费者的芳心，享受产品或服务带来的美好体验深受消费者青睐。因此，台湾休闲农业更加注重体验营销，并通过设计独特体验，为游客创造无可取代的回忆，从游客的欢声笑语中获得经营回报。

在飞牛牧场里，游客每天都在牧场的背景下用体验演绎着一台大戏

用体验演绎出一台大戏

通过体验，让心灵与场景互动，牵引出心灵的温暖与感动，农场也成了记忆里的永恒。在台湾，设计独特的体验有着特有的逻辑：以农场作舞台，将山水田园当布景，游客是主角，农场主人是导演，商品或服务便成了道具，一切准备就绪，就上演一出叫好又叫座的大戏。在这出大戏中，游客或娱乐身心，或获取知识，或感受美学，或逃离现实，在情境中获得了难以忘怀的回忆。

Part 4

整合营销：利用网络与信息技术，将营销融入每个环节

整合营销，打破传统营销思维

先设计、生产好产品，再花钱去打广告，是传统的营销思维。但在这个翻转的时代，不去和消费者做朋友，不去倾听消费者的需求，迟早会被消费者所抛弃。台湾文创5.0的思维是：寻找到消费者的痛点，将故事讲到消费者心坎里，创造出新的生活方式并引领消费。台湾休闲农业整合营销，就是以文创5.0的思维为核心，将新产品推出模式问题嵌入分析消费者痛点、创意、设计、生产、营销的整个过程中，最后将带着温暖和感动的新产品送到消费者的手里。

案例

大房豆干：一个百年工艺的传承之道

台湾桃园大溪是豆干的故乡，大房豆干是大溪地区的老字号。大房豆干创始于1923年，一直以来坚持手工制作、古法酿造，以优质的口感赢得了当地人的口碑。虽然如此，大房豆干却面临着经营瓶颈：好品牌走不进大市场。

恰逢台湾客家桐花祭的机遇，大会聘请了专业的设计师为大房豆干重新设计包装。以前，大房豆干生产的优质豆干都是用简易的塑料袋包装，每袋10块装售价120元。设计师根据现代消费者的需求，重新设计了包装，"黑、黄"两色的高雅礼盒，既呼应了豆干的颜色和创办人的姓氏，又尽显低调奢华；礼盒上再印上创办人的图片，彰显浓郁的文化底蕴与工艺传承；同时，改以前的大包装为现代消费者喜爱的小包装，一盒8块装售价达480元，这样时尚又蕴含本土文化的伴手礼一经推出便供不应求，甚至远销国际市场。

大房豆干的蜕变，生动地演绎了一个百年工艺的传承之道。依托优良的产品品质，把握住消费的需求，将产品推出的问题融入创意、设计、包装等每个环节，让消费者以超乎预期的心态接受产品，提高产品的消费价值。

科技引领，把握消费者的痛点

人工智能 Alpha Go 打败世界围棋冠军，3D 打印建出了高楼大厦，运用"VR+AR"技术就能在家躺着逛街试衣服……这些看似不可能的科技，正在不经意间翻转着生活，改变着人们的需求。台湾休闲农业作为朝气蓬勃的明星产业，有着敏感的市场感知力，也正抓住科技的风潮，运用物联网、网络社群、AI 技术创造与消费者的多元互动，精准把握消费者的痛点；再从消费者的痛点出发，利用现代科技，推出展现美学与设计实力的营销活动，带给消费者惊喜与感动。

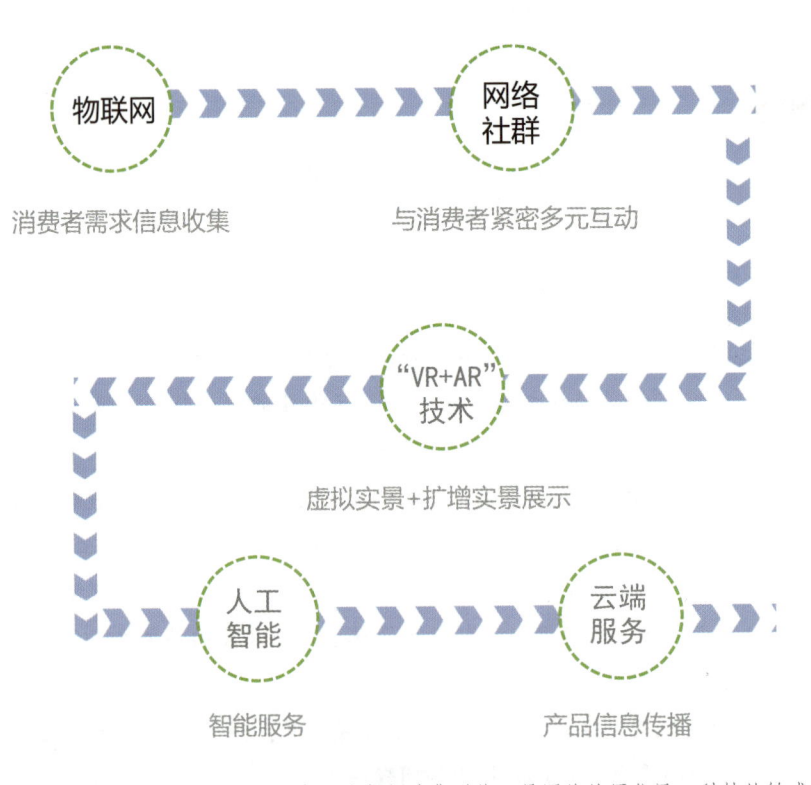

```
物联网 ───▶ 网络社群
消费者需求信息收集   与消费者紧密多元互动
                        │
                        ▼
              "VR+AR" 技术
            虚拟实景+扩增实景展示
                        │
           ┌────────────┘
           ▼
         人工智能 ───▶ 云端服务
         智能服务         产品信息传播
```

科技翻转生活，也引领着营销的方式。休闲农业的年轻消费群体，是网络的原住民、科技的敏感追求者，运用网络和信息技术、利用他们最青睐的时尚方式进行互动，更能抓住消费者的痛点，并创造新的生活模式引领消费。

反思

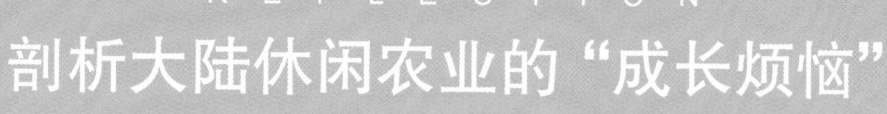

REFLECTION

剖析大陆休闲农业的"成长烦恼"

反思一

乡村根基动摇，城镇化与园林化『长驱直入』

原生的乡村绿化换上了"洋"树与"洋"花
穿上"城市"外衣的乡村建筑侵蚀着乡村生态

Part 1
原生的乡村绿化
换上了"洋"树与"洋"花

记忆中的乡村，青山绿水环绕，芳树落英缤纷、茂林修竹、松涛绿浪，美景如画！记忆中的乡村，特产是土的，花是野的，草是杂的，树木都是胡乱生长的！

可是，当城市的园林化思维进驻乡村，植物造景一味模仿城市，外来树种遍地开花，原生的乡村绿化换上了"洋"树与"洋"花。当这些"洋"树与"洋"花取代"土、俗、野"的乡土植物，我们是否应该反思：我们到底是在重建乡村，还是在再造都市？当乡村原本的空间肌理、乡土文化景观都被破坏后，一个完全没有乡土味道的乡村，到底还是不是都市人心中那个魂牵梦萦的向往空间？

莫用城市美学的思维，"蹂躏"我们的乡村！

整齐划一的行道树，修剪整齐的球冠树……随处可见的城市园林造景，虽然也是一种美，但就是没有乡村的味道……

Part 2
穿上"城市"外衣的乡村建筑侵蚀着乡村生态

乡村建筑的变迁

有人说，建筑是凝固的历史，承载着历史的变换，是时代的缩影，见证了时代的变迁。从茅草屋里的风风雨雨，到土坯房里的冬暖夏凉，再到混砖、小洋楼，短短几十年，乡村建筑也经历了前所未有之大变局……

从茅草屋到土坯房，从砖瓦房到小洋楼……乡村建筑的变迁，只是时代变迁的缩影

虽然技术和材料"进步"了，但建筑与自然的距离渐行渐远。

穿上"城市"的外衣

乡村建筑的美，美在自然，美在世代的积累与传承创新。可是，在这个讲究快速、实效、便捷的世界里，特别是随着城镇化的长驱直入，传统村落的原真性、美感与建筑文化所折射出来的场所感早已荡然无存。没有特色的乡村已经成为我们必须要面对的现实。穿上"城市"外衣的乡村建筑，到处都是四方盒的水泥建筑，简单粗暴、不伦不类、严重同质。试问，这些丝毫没有地方文化气息的建筑，又何以唤起人们心中的"乡愁"？

反思
——剖析大陆休闲农业的"成长烦恼"

在乡村,有些村庄一味地模仿城市,建筑"军营式"的布局,空间呆板无变化,少了乡村的肌理和韵味

在乡村,出现了"豪华"的大广场和硬化的停车场,满是城市的味道,少了乡村的气息

在乡村,有些建筑用上了现代化的材料,彩钢瓦、不锈钢、卷闸门,整体给人不伦不类的感觉

反思二

灵魂缺失,乡土文化挖掘与开发限于"蜻蜓点水"

对乡土文化是休闲农业的核心竞争力认识不够
对乡土文化向文化旅游产品转变的路径不清晰
对乡土文化的挖掘开发与消费者时尚需求脱节

Part 1
对乡土文化是休闲农业的核心竞争力认识不够

钱穆先生曾说过:"中国文化是自始到今建筑在农业上面的!"作为传统的农业大国,几千年农业文明,生长出深厚的乡土文化。休闲农业,虽然区别于传统农业,但它的"血液"里始终流淌着乡土文化的基因。乡土文化,其实也是一种核心竞争力,休闲农业的竞争本质上就是文化的竞争。但当前,大陆许多从业者对乡土文化是休闲农业的核心竞争力认识还不够,对乡土文化内涵的挖掘与开发仅限于"蜻蜓点水",有的有形无神,有的甚至直接"变了味儿",这不仅不利于休闲农业的可持续发展,更难以唤起人们心中的乡愁。

> 乡土文化,不仅是乡愁最重要的载体和寄托,
> 更是休闲农业的核心竞争力。

大陆某农庄举办的田园丰庆节,衣着暴露的模特正在走秀,虽然主办方以乡村田园为主题来传承和发扬乡土文化,但呈现的形态总觉得变了味儿……

Part 2
对乡土文化向文化旅游产品转变的路径不清晰

在许多发展休闲农业的村庄里，复制般建立了乡村博物馆，陈列着农村日常的生产生活用具，供游客观赏。乡土文化简单地转化成了文化观光产品，缺少参与和体验，很难让游客深入地感受乡土文化的魅力

　　文化，无形却有力，这股无形的力量虽然难以感知，却具有强大的渗透力，影响着生活的方方面面。乡土文化向文化旅游产品转变的过程，实际上就是业态策划与产品设计的过程。但在现实中很多休闲农业从业者和规划设计者仅仅将乡村文化表象简单粗暴地放大，并到处复制粘贴，不仅没有挖掘到原真的、在地的乡土文化，而且缺乏独特的个性和气质。这种思维引导下的休闲农业和乡村旅游，不仅缺乏其生存发展的地域根基，而且必然又会造成新一轮的同质化竞争。

Part 3
对乡土文化的挖掘开发
与消费者时尚需求脱节

与注重生产的传统农业不同，休闲农业具有明显的休闲特征，满足了都市人对乡村自然、乡土文化的渴求与回归。但是，目前大陆休闲农业的发展存在几个误区：一是乡土文化的缺失，众多休闲农场成为都市游乐园的翻版，没有丝毫乡土气息；二是乡土文化的生搬硬套，很多人认为乡土文化就是摆几个农具，做几道农家菜；三是过度追求乡土文化的"原汁原味"，导致与消费者时尚需求脱节。随着消费的升级与需求的转变，休闲农业不仅要从单一的观光向集观光、休闲、度假的复合型业态转变，更应该朝着创意化、精致化的时尚业态延伸。

休闲农业，既要土得洋气，又要洋得土气！

休闲农业的发展，不是乡土元素的摆一摆、放一放，或是简单的利用。如果乡土元素不朝着创意化、精致化的方向转换，浑身"土里土气"，很难满足现代消费者的审美需求

反思三

创意不足,丰富的乡村资源难以邂逅天马行空的创意

"重功能、轻创意"的传统思维制约乡村创意经济的发展

乡村创意人才的匮乏使乡村创意成为无源之水、无本之木

缺失创意转化的孵化平台,难以形成完整的文创产业链条

Part 1
"重功能、轻创意"的传统思维
制约乡村创意经济的发展

几千年来,农民的生活离不开土地的耕耘与收获。牛、马、犁、耙……农民延用祖辈流传的耕作方式,不用去创造或改变,也可以经营好生活,"一箪食、一瓢饮,不改其乐",安贫乐道,自给自足,也约束了农民的进取心和创造力。同时,"日求三餐,夜求一宿",农村生活物资贫乏,农民总会将吃饱穿暖放在第一位,也没有精力考虑其他,对于农村资源的利用也只是重视实用功能,不会去思考如何创新利用。农民"重功能、轻创意"的传统思维,很难与生活碰撞出美妙的创意,也只能让资源价值有限发挥,制约着乡村创意经济的发展。

乡村,既要"内在美"——实在,还要有"外在美"——精致。

再诱人的美味,没有创意的设计,总显得有些粗糙

创意的包装,既有了视觉的美感,也有了味觉的诱惑

Part 2

乡村创意人才的匮乏
使乡村创意成为无源之水、无本之木

休闲农业的美，来源于乡村的自然与风情，也少不了创意设计，这就需要既懂得乡村生活又深谙现代美学的创意人才。少了这样的人才，乡村创意便成了无源之水、无本之木，乡村的美也会黯然失色。

乡村是梦中的桃花源，但并非现实中的乌托邦。有别于城市的热闹繁华、方便快捷，乡村往往是一副冷清闭塞的悲情模样。这里也许承载得了创意人才们的灵魂，但不一定装得下他们的事业和未来。村里人都铆足了劲，翻越大山，出去了再也不想回来；城里的人鼓足了勇气，跃跃欲试地想进村，但终究还是输给不确定的未来。村里人才留不住，城里人才进不来，这是乡村创意人才匮乏的现状，也是缺少乡村创意的本源。

> 忘不了的乡愁，回不去的故乡，是外出的乡里人的忧伤；
> 望得见的美景，装不下的生活，是想进村的都市人的烦恼。

乡村正面临着乡村创意人才留不住、城市创意人才进不来的困境

Part 3
缺失创意转化的孵化平台，
难以形成完整的文创产业链条

乡村创意的实现，就是一个从创意萌发到创意转化的过程，不仅需要浪漫的创意、跨界的思维，还需要创意转化的外部环境。创意经济已经开始落地乡村，但与城市创意经济相比，还属于单打独斗，野蛮生长。在乡村，由于缺少乡村创意相关的交流和指导，农民很难说出什么是创意，就算有了一个好创意也只能"闭门造车"，最后呈现出不伦不类的作品；在后续的产品设计、生产、包装、营销等环节，也没有相关产业对接，难以形成完整的产业链条；还会遇到缺少政策、资金支持等问题……这样，乡村创意只能在偏远的乡村落寞地生长，甚至无端夭折。

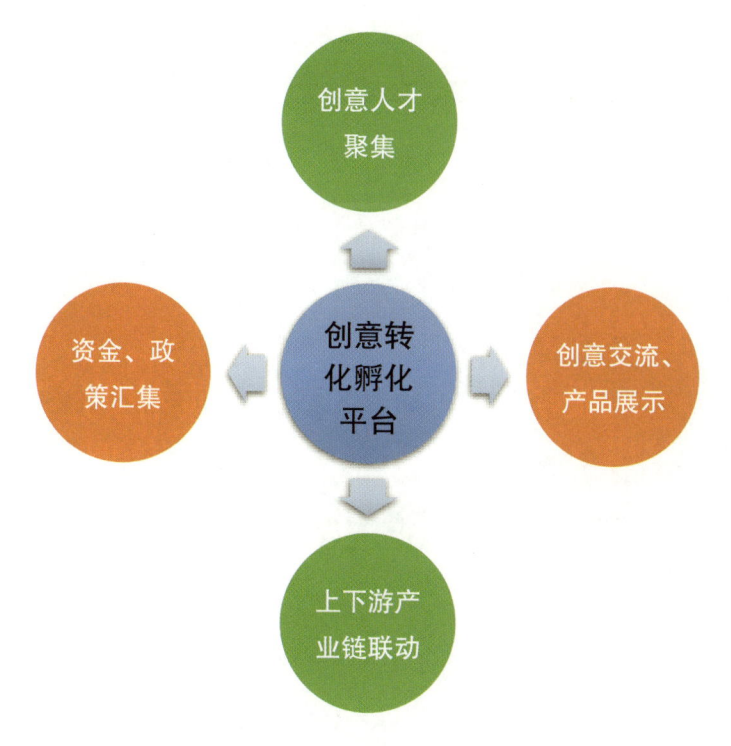

乡村创意的转换缺少强有力的外部保障，缺少汇聚人才、资金、政策、产业等资源的孵化平台

反思四

温馨不够，旅游服务的情感体验与人文关怀传递不足

服务中少了点乡村质朴的"人情味"
"个性化"旅游服务提供不足
主人与客人交流互动不足

反思
—— 剖析大陆休闲农业的"成长烦恼"

Part 1
服务中少了点乡村质朴的"人情味"

在脱离了土地的城市里，人际交往以理性法则至上，繁华热闹的背后隐藏着冷漠、麻木、隔阂以及不安，这让都市人开始重新审视自己的生活，开始怀念曾经出走的乡村，渴望寻找到"人情味"的温暖。

如今，在一些经营休闲农业的村庄里，面对城里人，农民们总想用最好的服务来招待他们。担心城里人适应不了自己待人接物的"土气"，农民们用心学习了城里的餐饮、住宿、接待礼仪等，并按照规范和标准提供"优质服务"。殊不知，休闲农业服务日渐标准化的同时，却少了点乡村质朴的"人情味"。没有了农家主人真诚的问候、温暖的关心，也没有农家主人拉着你的手去品尝自家新鲜的水果和地道的茶叶，城里人也体会不到去以前邻居家做客的亲近感。

人情味是乡村独特的味道，也是治愈"城市病"的良方！

我国第一家农家乐——成都徐家大院，起初主人用自家最好的饭菜、最质朴的热情招待到访客人，主客之间的情感分外的真挚、亲近

Part 2
"个性化"旅游服务提供不足

现代人的出游,美景和美食依然不可辜负,沿途超乎期待的小温暖也分外令人动容。休闲农业有着"小而灵活、小而温暖"的特质,更适合为游客提供"个性化"服务。"个性化"服务对服务人员提出了更高要求,既要能设身处地地判断游客的不同需求,还要能及时提供有针对性、体贴入微的服务。但当前,休闲农业服务人员多是当地的农民,有些农民昨天还在地里耕作,今天就在家里干起旅游接待,服务意识弱,服务技能低,最多只能达到基本的接待服务水平,还没有意识到提供"个性化"旅游服务。

农民 ⇄ 经营者

面对土地,从事生产,勤劳生活,谦逊内敛的性格,不擅长与城里人打交道。

大方得体,礼貌有序,温馨服务,是休闲农业经营者需要具备的基本素质。

没来得及有所准备的农民,一下子转身成了休闲农业经营者,很难将休闲农业的服务理念融在脑海里、化在行动上

Part 3
主人与客人交流互动不足

乡村之美，美在自然、恬静、绿意盎然，美在浓郁的在地风情。农民耕耘这片土地，如果能主动与城里人分享这里的美，将会让城里人留下更美好的记忆。然而，中国农民有着与生俱来保守内敛的性格，木讷沉稳，不善交流，面对陌生的城里人不知道如何开口；同时，长期以来，城乡二元结构让城乡之间产生了天然的隔阂，农民身份自卑，时常仰视着城里人，更无法主动开口交流；再者，农民熟悉自己的生活环境却发现不了美在哪里，也搞不懂城里人喜欢什么、来乡村干什么，这就让农民找不到与城里人交流的切入点，也无法将自然美景、在地生活分享给城里客人。

农村人要从心底爱上自己生活的这片土地！

在农民的心里，城里人是在山的那边过着富足的生活，不会再留恋这贫穷、破败的乡村

反思五 体验性不强,缺乏有仪式感和质感的体验产品

场景化体验缺失,难以刺激游客的五感体验
体验层次性不足,难以激发游客的心灵感动
体验内容不丰富,难以留下无法忘怀的记忆

Part 1
场景化体验缺失，难以刺激游客的五感体验

有些村庄，设置了城市游乐园里的儿童游乐设施，与整个乡村体验场景和氛围冲突、不协调

粗糙的场景，简陋的设施，并不能带给城里人浸入式的体验

土墙、茅草屋顶等元素营造出了乡村体验场景，但铝合金等现代材料制成的笼子圈养着小动物又显得格格不入

过去人们关注商品的功能、质量；现在人们则更注重商品体验带来的愉悦感受，体验经济正翻转着世界。休闲农业更注重体验。一个好的体验离不开场景的打造。在优质的场景里，游客刚踏进时就能调动各个感官的情绪，参与体验价值的创造过程。在乡村常见的休闲体验就是简单地圈几块菜地，开设农事体验，整个场景与一般农田没有区别；有些农庄虽然打造了乡村体验场景，却设置了城市复制版的儿童游乐设施……这样，体验场景缺失或粗糙，体验场景与体验主题脱节，难以刺激游客的五感体验，都是在为休闲农业体验的价值减分。

Part 2
体验层次性不足，
难以激发游客的心灵感动

　　生活需要仪式感，需要在缓慢的节奏中慢下来，静静地将情绪升华。休闲农业体验也一样。休闲农业体验不再只是满足游客对乡村的猎奇心理，也不再只是延长游客停留的时间，而是要通过程序化体验加深游客对乡村的情感，形成"下次也要来"的情感黏性。现在，休闲农业体验总是一片热闹，农庄里开设了稻田摸鱼，游客到了田边卷起裤脚就下了水，欢乐一片，但没两下就败兴上了岸，这样的体验程序缺失，乱哄哄一片，无法层层引导游客的情感体验；形式简单、内涵不足，无法让游客深入地体会到体验背后的意义，难以激发游客的消费冲动。

休闲农业体验不只是看似热闹的场景，还要能让游客静下来，在层层的体验中将情绪升华

Part 3
体验内容不丰富，
难以留下无法忘怀的记忆

"一千个读者就有一千个哈姆雷特。"乡村对于不同的人都有着专属的情感。休闲农业要有丰富的体验，要让城里人都能找到属于自己的情感寄托。近年来，随着资本洪流的涌入，休闲农业经营更青睐投资少、见效快的项目。以自然资源为依托的体验层出不穷，如采摘、垂钓、简单农事体验等，同质化程度高，只能简单满足喜欢乡村的城里人的需求。相反，由于投资收益较低，承载乡愁的文化体验较少，可能偶尔才能看到吹糖人、绣花布、竹编竹艺等传统文化体验，这就无处安放城里人的乡愁，无法满足游客对乡村文化的需求，还让休闲农业体验少了丰度和厚度。

在乡村，许多农庄还是依托乡村自然景观，主要提供旅游接待服务等业态，体验内容单一，正在让乡村的味道逐渐流失，让城里人的乡愁无处安放

反思六 融合不深,产业尚未碰撞出立体融合的火花

形态少,产业融合还没突破"观光园""采摘园"
层次浅,产业融合还是简单叠加的"1+2+3"
链条短,产业融合还没"触电"更多的上中下游产品

Part 1
形态少,产业融合还没突破"观光园""采摘园"

  自古以来,农业就扮演着"母亲产业"的角色,为人们的日常生活、生产提供物资、原料。随着社会发展,农业的功能日渐丰满,文化、生态、教育等功能逐渐显现。休闲农业以新的产业形态连接起城市和农村,就要用农业的多功能性留住城里人。当前,人们对休闲农业的印象还停留在"观光园""采摘园"。花期一到,到处都是桃花节、梨花节、樱桃节,人们来看看花、拍拍照就打道回府,一年也就热闹这么一次。休闲农业产业融合还局限在单一地依托农业景观,产品同质化高,功能单一,季节性强,凸显不出农业多层次的内涵,无法满足游客对乡村文化、生态、教育等的需求。

  光靠几片果园、几亩菜地,难以留住城里人。

"春赏花,秋摘果","观光园""采摘园"营造的短期火爆场面无法持久,也只能留给游客短暂的快乐

Part 2
层次浅，产业融合还是简单叠加的"1+2+3"

随着技术和制度的创新，不同产业相互融合渗透、交叉重组，不断创造出新的产业形态，跨界融合已成为未来产业发展的趋势。休闲农业自带"产业融合"DNA，吸引着不同产业集聚乡村，其生命力大小就取决于产业融合的深度。在乡村，很多农庄种了作物、养了家禽，有了自酿的酒、手工磨的豆腐，还有了餐厅、民宿，三产业态齐全，但就是不挣钱。事实上，这样的农庄里加工产品只是游客顺便可以带走的特产，农家餐饮住宿只是游客劳累后的基本需求。三次产业简单堆砌和叠加，各自单向发挥功能性作用，无法相互支撑，无法聚集成发展合力。

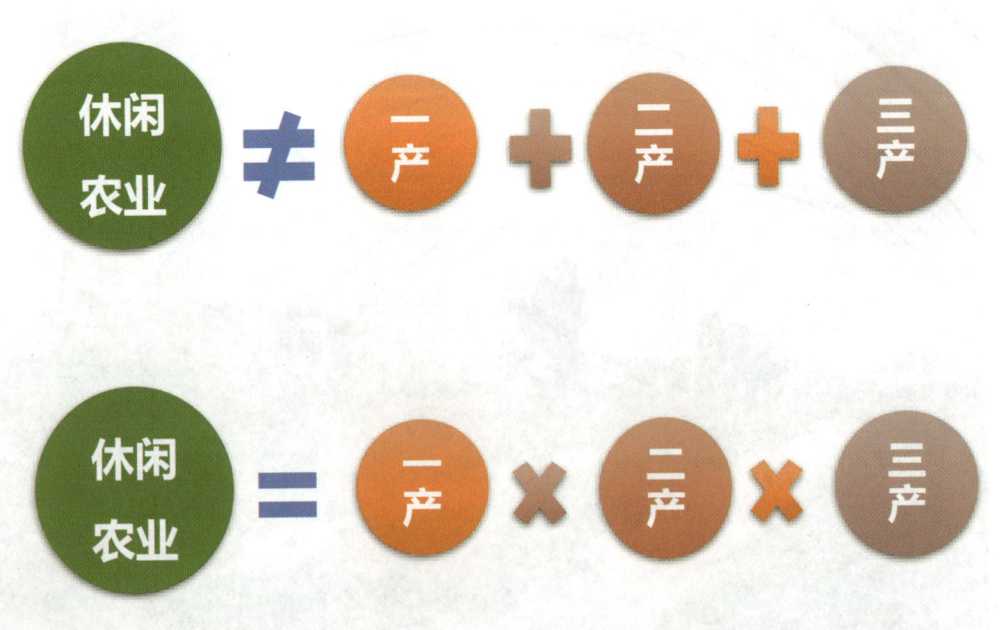

休闲农业 ≠ 一产 + 二产 + 三产

休闲农业 = 一产 × 二产 × 三产

在休闲农业的发展中，一、二、三产业的融合不是产业的简单叠加，而是产业间的深度融合形成乘数效应，让农产品的价值成倍数增长，形成产业间相互支撑、共同发展的合力

Part 3
链条短，产业融合还没"触电"更多的上中下游产品

在市场和科技的翻转下，传统的小农生产早已黯然失色，无法支撑起乡村的经济发展，现代化正成为农业的发展趋势。在未来，农业将不只是耕田种地，还是涵盖农业生产产前、产中、产后的完整产业链条。休闲农业与农业产业的深度融合，就是要将农业生产的各环节变成城里人的休闲产品，提高农业产业链附加值。当前，休闲农业产品大多集中在生产环节，处于产业价值链的底端；整个产业链条向上还未触及产前研发环节，未开发科普教育等产品，向下还未融合加工、销售、流通等环节，农产品加工观光、特色民宿、文化创意等新业态还未流行起来，休闲农业的产业链条短，对激活农村活力的作用有限。

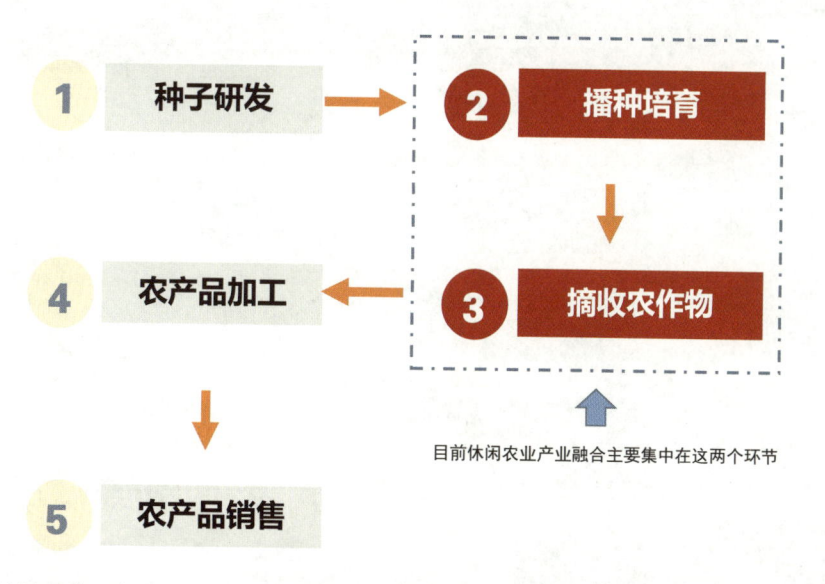

```
1  种子研发  →  2  播种培育
                      ↓
4  农产品加工  ←  3  摘收农作物
         ↓
5  农产品销售
```

目前休闲农业产业融合主要集中在这两个环节

当前，休闲农业产业多局限于生产环节，依托农业播种培育、农作物摘收开发简单的农事体验和观光采摘等，再配套住宿和餐饮，其他环节虽然有所触及，但还未深入地系统化开发出休闲产品

反思七 保障不足,休闲农业发展的保驾护航有限

产业平台缺失,抱团发展拧不成"合力"
基础设施不完善,品质发展缺乏"基础"
人才支撑不"给力",持续发展缺少"活力"

Part 1
产业平台缺失，抱团发展拧不成"合力"

差序格局下农民组织化发展困境

差序格局是费孝通老先生描述中国传统社会特别是基层农村的社会结构时提出的。在中国差序格局下，社会关系以家庭关系为重，以血缘、地缘关系延伸，错综复杂，很难将农民及各自的资源集中起来，"散沙状的中国农民"不将乡村资源集中利用，难以形成发展合力，共同面对市场风险。同时"熟人社会"对外来人员和资本有天然的排斥性，表现在不信任外来投资者，缺乏契约精神等方面。此外，"人情社会"里凡事"讲情理、靠关系"的传统与"讲权利、行义务"的市场规则不相适应，阻碍了外来新鲜血液的注入，卡住了乡村资源高效利用的"咽喉"，不利于外来资本的注入与项目的落地生根。

农民组织化程度的高低，在一定程度上决定了休闲农业的成败。

差序格局下的中国农民，
凝聚力不足，组织化程度低，如"一盘散沙"

乡村分散的资源与高昂的交易成本

与集中的城市资源不同，乡村特有的社会结构、聚落形态、生产方式等原因使得乡村资源呈现出分散的状态。加上多年来随着大量青壮年的外流，原本就分散的农房、宅基地、耕地、林地、公共基础设施等乡村资源闲置率越来越高。

乡村资源分散、闲置的背后，反映了人们对乡村资源价值认识不足、对乡村资源利用的低效和对国土资源的浪费，不仅不利于乡村经济的规模化、集约化和市场化的发展，更与当前乡村振兴提出的总要求不相适应。

产业平台的缺失，是当前休闲农业面临的最大问题。

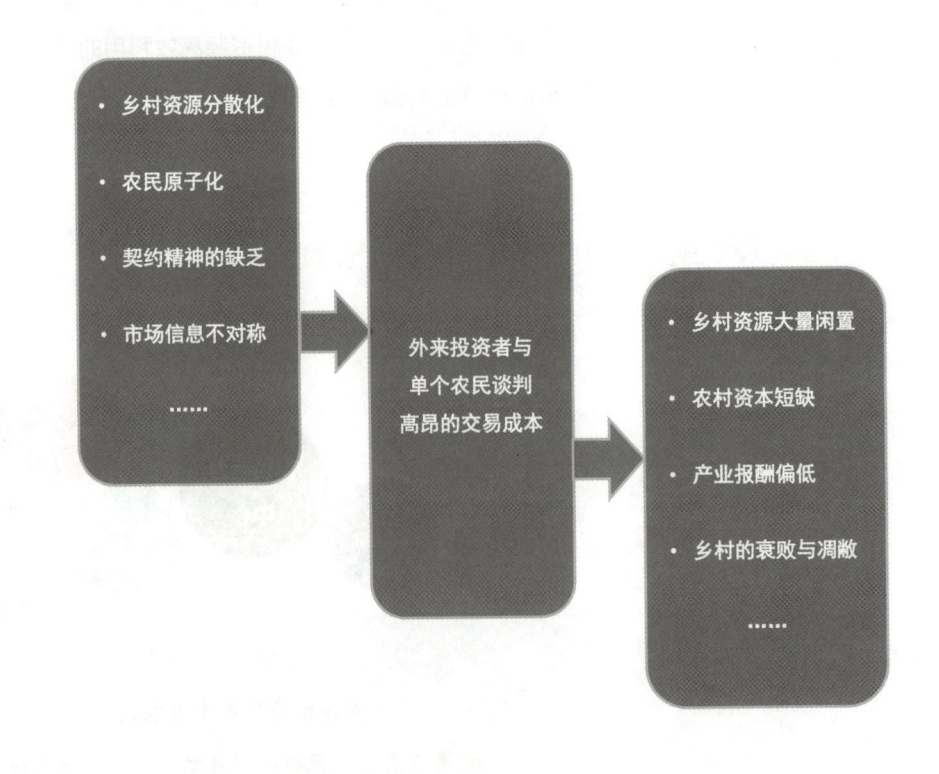

- 乡村资源分散化
- 农民原子化
- 契约精神的缺乏
- 市场信息不对称
- ……

→ 外来投资者与单个农民谈判高昂的交易成本 →

- 乡村资源大量闲置
- 农村资本短缺
- 产业报酬偏低
- 乡村的衰败与凋敝
- ……

Part 2
基础设施不完善，品质发展缺乏"基础"

当前，虽然乡村基础设施建设取得了较大成就，但与城市相比，仍然存在许多问题，如乡村路网通达性不足、道路等级低，电网设备差、用电成本高，自来水及互联网普及率有待提升，超市、农贸市场等商品流通场所不足等。

乡村基础设施不仅是休闲农业和乡村旅游发展的环境基础，也是游客的基本需求和旅游品质的重要载体，更是满足城乡居民对美好生活需要的重要保障。当前乡村许多基础设施仍然适应不了游客的需要，道路、厕所、停车场、网络、标识标牌等还不够完善，食宿接待条件较差等现象仍然存在，亟待提升与改善。

乡村基础设施是否完善，不仅事关乡村人居环境和生活水平，也是休闲农业与乡村旅游发展的前提。

晴天尘土飞扬，雨天泥泞不堪的泥巴路　　卫生状况堪忧的生活用水

年久失修的乡村游步道　　露天焚烧的垃圾处理方式

Part 3
人才支撑不"给力",持续发展缺少"活力"

  人才的匮乏,不仅制约着我国农业、农村的长足发展,也影响着休闲农业的发展与壮大。休闲农业要想持续、稳定、健康发展,离不开人才的支撑。在乡村振兴的背景下,休闲农业从业者虽然越来越多,但缺乏与休闲农业产业发展内在要求相适应的各类人才,人才支撑不"给力"现象仍然较为突出:一是服务人员大多是直接从农业生产转向旅游服务接待工作的农户,旅游服务的意识薄弱;二是经营管理人才缺乏,管理水平、经验和业务能力不高;三是高素质专业技术人才供给严重不足,缺乏懂规划、营销、创意设计等专业技术人才;四是缺乏休闲农业本土致富带头人……

> 人才是富国之根本、兴邦之大计,
> 也是休闲农业持续健康发展之关键。

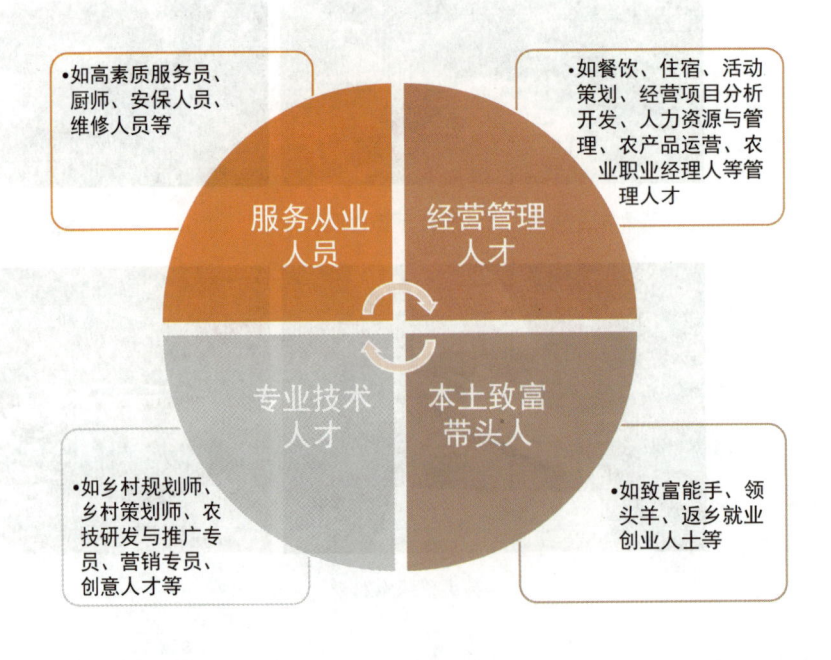

- 服务从业人员:如高素质服务员、厨师、安保人员、维修人员等
- 经营管理人才:如餐饮、住宿、活动策划、经营项目分析开发、人力资源与管理、农产品运营、农业职业经理人等管理人才
- 专业技术人才:如乡村规划师、乡村策划师、农技研发与推广专员、营销专员、创意人才等
- 本土致富带头人:如致富能手、领头羊、返乡就业创业人士等

路径

DIRECTION

雕琢大陆休闲农业发展"玉之精美"

路径一

留住根基，维护乡村自然生态和传统肌理

生态为本，保持乡村自然生态风貌就地取材，延续乡村传统建筑肌理

Part 1
生态为本，保持乡村自然生态风貌

乡村是一个由经济、文化、乡民、生态、社会等要素构成的生命有机体，乡村振兴的本质就是要重塑一个有持续生命力、有活力的乡村有机体，最终达到"产业兴旺、生态宜居、乡风文明、治理有效、生活富裕"的总目标。

其中，生态振兴是乡村振兴的重要内容，建设好生态宜居的美丽乡村，不仅是对生态文明理念的践行，也是一项功在当代、利在千秋的大业。

> 良好的生态环境是农村最大的优势和宝贵财富，要让良好的生态成为乡村振兴的支撑点。
>
> ——习近平

案例

浙江安吉：中国美丽乡村建设样板

20世纪末，作为浙江省25个贫困县之一的安吉县，为了脱贫致富走上了"工业强县"的道路，造纸、化工、建材、印染等企业相继崛起，尽管县域经济飞速增长，却付出了生态环境严重破坏的惨痛代价。

21世纪初，安吉县改变发展战略，强调"生态立县"，先后关停了矿山、水泥厂，搬迁工业园区，彻底告别了矿山经济。虽然，通过整治后安吉的生态环境有了极大改善，但经济发展停滞，安吉县依然还是浙江省的贫困县。正当大家对走生态经济道路产生怀疑时，时任浙江省委书记的习近平同志先后两次到安吉县调研，在肯定安吉县生态建设工作的同时，提出了"绿水青山就是金山银山"的发展理念，这给安吉坚定走上"生态立县"的道路指明了前进方向。

2008年以来，安吉县践行"绿水青山就是金山银山"的发展理念，在继续加强生态建设的同时，成功将生态环境优势转化成了生态农业、生态工业、生态旅游等生态经济优势，不仅成为"两山理论"的发源地，也是中国美丽乡村建设的样板！

乡村旅游：多业融合
——台湾之"石"与大陆之"玉"

休闲农业的发展，必须要留住乡村生态本底、守住乡村生态底色，并在此基础上，巧妙利用乡村的山、水、田、园、林、路、草等要素，营造出与城市生态系统有巨大差异的乡村生态空间，让都市人在乡村产生穿越感，从"城市森林"穿越到乡间大地，让游客能够真正地望得见山，看得见水，记得住乡愁！

两多两少
多动脑，少动土
多用心，少用钱

三去三交
去硬化、去城市化、去园林化

针叶与阔叶混交、常绿与落叶混交、乔木灌木草本混交

四透四负责
透水、透气
透绿、透景

对土地负责
对原住民负责
对游客负责
对业主负责

乡村，被誉为是治疗"城市病"的地方，是都市人休闲、归隐和诗意栖居的空间，但这一切实现的前提，离不开良好的生态环境。图为河北承德木兰围场·皇家猎苑小镇的生态美景

万物皆有律，休闲农业与乡村旅游的开发，切记"道法自然"，遵循乡土肌理、乡村生态！

Part 2
就地取材，延续乡村传统建筑肌理

以前，由于生产力低下，大多数传统的乡村建筑只能就地取材，采用木材、竹子、石头等乡土建筑材料，既方便实惠，又与自然环境融为一体。随着生产力的进步，建筑材料越来越先进，但是乡村建筑的生态美感与文化记忆却逐渐缺失。

优秀的乡村建筑必然是乡村自然和乡村脉络的延续。无论是对老建筑的保护、改造，还是重建，都要将乡土建筑原真的东西保存下来，以延续乡村传统建筑肌理，留住村落文化记忆。只有这样，我们才能透过这些老建筑所承载的时代温情和斑驳记忆，感受乡土的美好、延续乡土建筑的当代价值。

> 建筑，不只是居住空间，
> 也是一个刻画人与人、人与空间、人与自然关系的场所。

日本白川乡合掌屋屋顶为防积雪而建构成60°的急斜面，形状有如双手合掌，故而得名合掌屋。这个被自然环抱着的合掌建筑村落，被誉为是最合理、最理性、最天人合一的建筑，也是人类宝贵的世界文化遗产。虽然现在新修的建筑已经不完全采用茅草材料，但仍然坚守合掌村传统建筑风格，在保护与传承中延续了乡村建筑遗产的当地价值

路径二 文化塑魂，让失落的乡愁得以安放

挖掘整理，让乡村文化"见天日"

文化活化，让产品也会"讲故事"

创新思维，让乡土文化"时尚范"

Part 1
挖掘整理，让乡村文化"见天日"

> 离得开的土地，
> 离不开的乡土

农场发展坚持着科技、生态、多元的理念。为了丰富农场的产品体系，创造更多彩的有机世界，带给游客更多的欢乐与惊喜，农场在打造番茄"联合国"的同时，持续引进和培育了多样化的特色瓜果蔬菜和花卉：鲜艳欲滴的草莓、七彩缤纷的甜椒、万紫千红的盆栽花卉，以色列水果小黄瓜、美国蜜汁水果玉米……这些"朋友们"与番茄一起，用生命和色彩装扮着农场的每一处角落，冲击着每一位到访客人的想象力……

其实每个人心中都还有乡愁，
它已经不再是地理上的，而是时间上的，
如果这时间里还包含文化的因素，
那么这样的乡愁就显得更加深刻。

——余光中

但是，虽然我们离得开土地，却始终离不开乡土。因为每个中国人心中，都有挥之不去的乡土情结和田园情怀。而这就是我们常常说的乡愁。乡土文化是乡愁的重要载体，是乡村生命有机体的重要组成部分，也是中华民族得以繁衍发展的精神寄托和智慧结晶。文化塑魂，必须挖掘整理乡村文化，让乡村文化"见天日"，让失落的乡愁得以安放。

挖掘整理乡村文化，让乡愁看得见记得住

乡村是安放乡愁的最佳场所，乡愁唯有在乡土里才能生根，休闲农业和乡村旅游项目如果缺乏文化的挖掘和表达，就不能唤起萦绕在游客心中的乡愁。所以，充分挖掘和整理乡村文化，提升休闲农业和乡村旅游项目的乡土文化内涵，迫在眉睫！

文化作为一种社会现象，是人们长期创造形成的产物。根据文化层次理论结构，可以将文化分为物质文化、行为文化、制度文化和精神文化四大系统。对乡村文化的挖掘和梳理，同样可以从物质、行为、制度和精神四个内涵层次入手。

乡村物质文化：乡村山水风貌、乡村聚落、乡村建筑、民间民俗工艺品、民间小吃、民族服饰等

乡村行为文化：生活习惯、传统礼俗、民风民俗、传统节日、民间艺术、传统技艺、生产生活方式、传统文艺表演等

乡村制度文化：乡村社会规范、乡规民约、乡村礼数家法等

乡村精神文化：宗教文化、家族文化、孝文化、乡村传说故事、名人作品等

乡村文化的挖掘和整理，不能只关注物质和行为层面，更要注重制度和精神层面的文化资源与旅游诉求的有效对接。

Part 2
文化活化，让产品也会"讲故事"

> **活化文化资源，坚定文化自信**

中国文化的根在乡村。伴随着社会的变迁，很多优秀的乡土文化已经脱离了其原来的文化语境和使用场景，逐渐被看作是属于历史的，放在博物馆里供专家学者们去研究的"死"文化。但文化是一个国家、一个民族的灵魂，它不仅是一种精神力量，更是一股强大的经济社会力量。活化乡土文化，实际上就是对中国乡土文化的创新与重建，这不仅是对中国传统文化遗产的继承，也是对中华民族精神家园的传承与发扬，也必将为中国的乡村发展提供最根本和可持续的内驱动力。

文化的活化，不仅是文化意义解构与重构，也是文化需求和使用场景的重塑。

故宫博物院网红院长单霁翔曾说，文化遗产资源能够活在当下、活在人们生活中。它们有灿烂的过去，还应该有尊严的现在，并且还应该健康地走向未来

深入浅出，彰显乡土文化故事力

乡土文化的活化，无论是物质形态的还是非物质形态的，在活化过程中都需要"深入浅出"。在深入发掘乡土文化的核心价值和魅力的基础上，通过创意的、接地气的形式进行转换，成为既有故事性，又有实用功能，并且时尚有趣的文化产品。乡土文化的活化，不仅仅是空间和形态的塑造，更重要的是文化场景的再现与故事力的彰显。越是乡土的内容，越需要故事情感的渲染，越需要创意的表达和设计。

乡土文化的活化，
一定要与当代的现实生活相连接，
赋予曾经失落的文化以新的生命和内容。

案例

浙江松阳：讲述了一个关于古村落活化和复建的故事

蓝天、白云、青山、绿水、云海、茶香，这里有看不完的自然美景；
参天的古树，古朴的民居，长满青苔的青石板路，这里有讲不完的古老故事；
这便是松阳，一个有着自己故事的古村落群……

几年前，遭受现代文明冲击的松阳，古村人口不断外流，民居年久失修，这里正沦为一个个"空心村"，处在破落衰败的边缘。

几年后，松阳县制订了老屋拯救、古村落活化开发计划，以当地建筑为切入点，邀请来自哈佛、清华、港大的建筑设计师们保护性改造了古民居。

短短几年内，一座座既保存原有建筑肌理又植入新业态、时尚精致的农耕博物馆、艺术家工作室、青年旅舍、特色民宿等陆续落成，吸引着越来越多的游客来这里感受古村落的故事。

这样，松阳讲述了一个故事，一个关于古村落活化和复建的故事，一个以当地建筑为切入点，激活古村发展生命活力，吸引越来越多的人从城市回到家乡的中国乡村建设实践的故事。

Part 3
创新思维，让乡土文化"时尚范"

创新是时代的强音，乡土文化的再生与表达，需要注入更多的创意思维和能量，才能以古为新、跳脱传统，促进乡土文化资源向现实生产力的转化，也才能让乡土文化在创造性转化、创新性发展中不断焕发出新的生命活力。

乡土文化的创新性利用，需要观念的转变、创意的表达，实际上就是一个传统与现代、回归与创新如何平衡的问题。

> 实现乡土文化的创造性转化与创新性发展，
> 需要提高创意设计能力、时尚流行元素的加持能力、
> 多元连接与讲故事的能力。

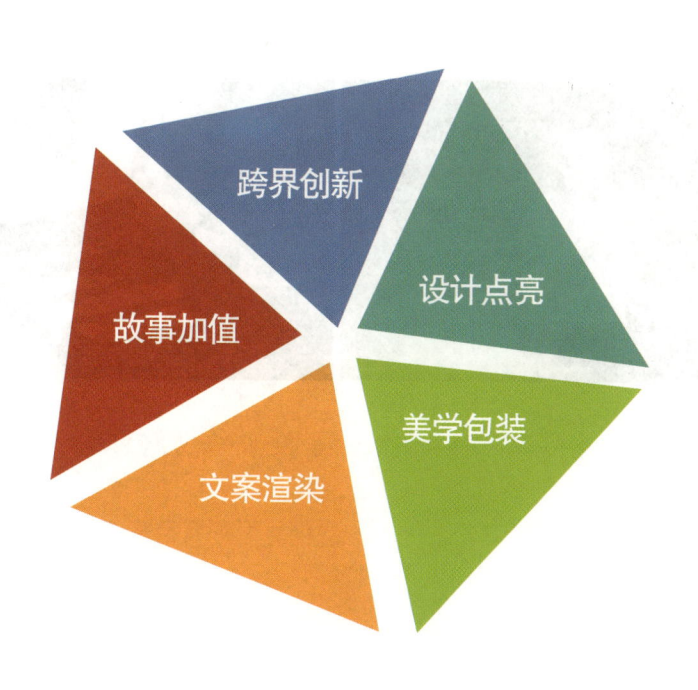

- 跨界创新
- 设计点亮
- 美学包装
- 文案渲染
- 故事加值

乡村旅游：多业融合
—— 台湾之"石"与大陆之"玉"

在日本合掌村，传统的插秧祭成了一种表演，这场一年一度的节庆盛会，吸引着全世界的目光

河北大清猎文化产业园是一座以木兰秋狝文化、满蒙民俗文化、生态农业文化、酒文化为核心的文化旅游区，左图的乡土建筑充分融入了蒙古包的设计元素，并配合浙江卫视大型真人秀《漂亮的房子》栏目组完成拍摄。右图为当地自主开发的酒产品，豪放又大气

乡村应该是一个开放的交流互动空间。在邛崃的天府红谷，举办了多场乡村画展、乡村摄影展、乡村音乐会、乡村设计展，为高何镇这个古老的村庄带来了许多年轻、时尚的力量

路径三

创意制胜，打造休闲农业的魅力 IP

解构在地元素，提炼文化符号和 IP
创意活用 IP，创生多元的文创产品

Part 1
解构在地元素，提炼文化符号和IP

做加法：收集在地元素

"一砖一瓦皆故事，一草一木总关情。"一方磨盘，一把旧锁，一口古井……这些在农村人眼里习以为常的老物件，见证着村庄的兴盛与衰败，沉淀下动人的故事和厚重的文化。村庄的发展总沿着历史的脉络，透过这些老物件就能读懂村庄的过去，还能更好地看见村庄的未来。所以，村庄的规划设计首先需要全面收集在地元素。

在地元素的收集要做加法，由一个元素发散到多个元素，由自然元素拓展至人文、产业、节庆等各方面；收集的元素还需要精心解构，要探知每一个元素背后的意义，并用一定的逻辑将这些元素串联起来，完整地呈现出一幅村庄的"全景图"。

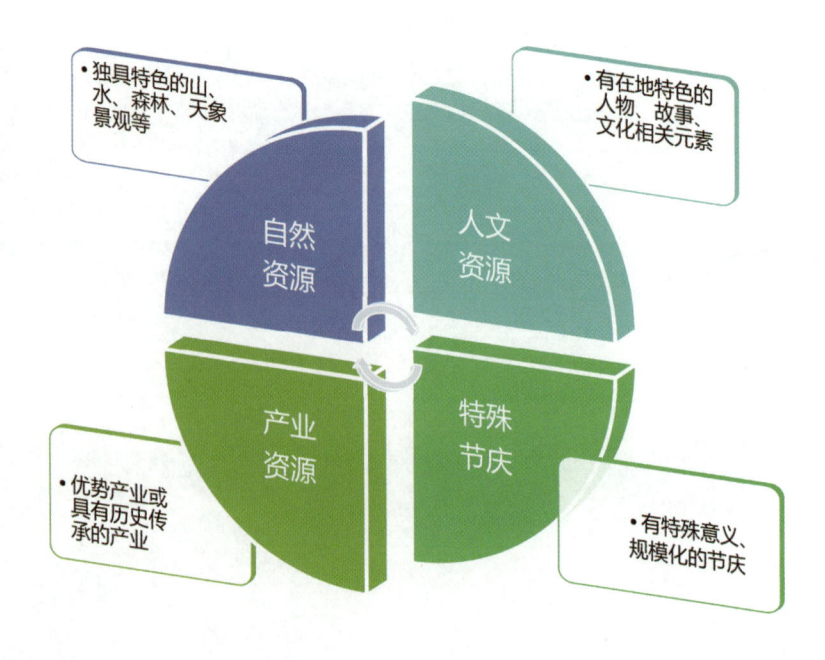

- 自然资源：独具特色的山、水、森林、天象景观等
- 人文资源：有在地特色的人物、故事、文化相关元素
- 产业资源：优势产业或具有历史传承的产业
- 特殊节庆：有特殊意义、规模化的节庆

做减法：精练在地元素

在激烈的市场中，有特色、有个性的村庄才会脱颖而出。全面收集了在地元素，还需要再做减法。根据每一个元素的现状和背后的意义，充分考虑消费者的需求，认真分析每一个元素转化成文化符号、文创商品的可能性，不断地进行筛选和剔除，最终确定出既能代表村庄精神又易于转化的在地元素。

案例

台湾桐花祭：一朵桐花创造了百亿财富

油桐树，曾经是台湾客家的一级经济产业——用油桐木做抽屉、木屐、火柴，油桐籽榨油提取防水涂料。随着经济的发展，油桐树的经济价值不再，桐花也兀自飘零山林。

创造了百亿财富的台湾桐花祭，在众多在地元素中却选择了守护客庄千年、最能代表客家人精神的桐花为意象，传递出客家人敬天地、重山林的传统；更以桐花、山林之美为表，客家文化、历史人文为核心，展现客家的绝代风华。

提炼：生成文化符号和IP

精练出来的在地元素，还需要进行再次创作。以在地元素为原型，融入当地文化特色和村庄精神内涵，运用现代美学设计思维，设计出让游客有记忆点的文化符号。文化符号再搭配精练的文字说明，就形成了村庄的IP。

加法 收集在地元素 → 减法 精炼在地元素 → 提炼 生成文化符号与IP

乡村IP生成路径：收集在地元素——精炼在地元素——提炼在地元素

Part 2
创意活用 IP，创生多元的文创产品

村庄 IP，代表着村庄的灵魂和精神，是村庄的独属标签，也是与市场上其他同类产品区隔的"法宝"。村庄 IP 生成后，需要更丰富的内容来支撑。村庄 IP 可以活用在村民服饰、景观小品、节庆活动等方面，营造出浓郁的村庄特色，让游客能沉浸其中。同时，创意活用乡村 IP 还能创造出多元文创产品，让游客在特定的氛围里邂逅精致的产品，更容易将故事和感动带给游客，更能激发游客的购买欲望，既提高了产品的附加值，又形成了品牌效应。

无锡·田园东方，以"水蜜桃"创建文化 IP，衍生出"蜜桃猪"的形象。园区里到处都是萌萌哒"蜜桃猪"，并创生多元的文创产品

路径四

营造乡村美学意境，时尚加值引领消费

营造乡村空间美学
演绎乡村生活美学
绽放乡村商品美学

当城市化的风潮席卷各个角落时，乡村正遭受着城市文明的蚕食，带着泥土气息的乡土性开始慢慢变异、衰亡或消失，最终也难逃被标准化、同质化的命运。与此同时，繁华热闹的城市却让现代人得了严重的"城市病"，拥挤、嘈杂、雾霾、冷漠、忙碌，又开始让人向往乡村的宁静、小巧与温情。

或许这就是现代性与乡土性的二元悖论，一方面现代性的所向披靡渐渐消解着乡土性，另一方面它却又在不知不觉中唤起了人们对乡土的怀念与回归。在这样的悖论中，旅游人的职责是什么？旅游人的担当是什么？旅游人的使命又是什么？而乡村的未来又将何去何从？

Part 1
营造乡村空间美学

自古以来，农业生产不仅依赖于人的劳作，也依仗于天地自然的风调雨顺。或敬畏，或感恩，或责怨，中国人早与天地自然建立了情感联系，选择了与天地自然和谐、统一共生的相处方式。乡村，与自然最为接近的空间，青山碧水，林草葱葱，保持着自然的肌理；沟壑间的田园，依山就势的聚落，展现了人们顺应自然的和谐。自然与人文共同构成的乡村空间，体现了中国传统文化中崇尚自然、尊重自然的理念，并呈现出天人合一、自然有序的乡村空间美学。

天地有大美而不言，四时有明法而不议，万物有成理而不说。

——《庄子·知北游》

高空，远山，近水，自然有序的组合，彰显出乡村空间之美

休闲农业根植于乡土之上，就要尊重这片土地孕育的自然与人文，懂得人与土地和谐相处的智慧。休闲农业发展不是无序扩张，不是破坏性建设，而是在保持乡村现有空间格局之上，保护乡村大地空间美学，构建乡村聚落空间美学，传承乡村建筑空间美学，以维护大地景观的和谐之美，更要展现乡村空间的动态之美和野趣之美，营造乡村空间美学。

维护大地景观的和谐之美

保护大地空间之美

远眺乡村，满眼不再是城市灰色的基底、生硬的线条，以及紧凑、压抑的心理感受。旷远的天空之下，青色的山脊线勾勒出山体的轮廓；灵动的水体依山环绕，滋养着万物又活化了大地；层叠的梯田用田埂、水渠、道路围合、拼接，不规则田块叠加出富于韵律的肌理；村落于田园之间，或山坡之上，错落有致；再配上林木植被清新的绿色基调，各元素间互相呼应、协调一致，融合出富有层次与韵律、和谐统一的空间组合之美，给人以优美、旷达、自然的审美享受。

> 碧山、秀水、芳草、绿树、屋舍、方田，
> 自然有序地组合，尽显乡村的大地空间之美。

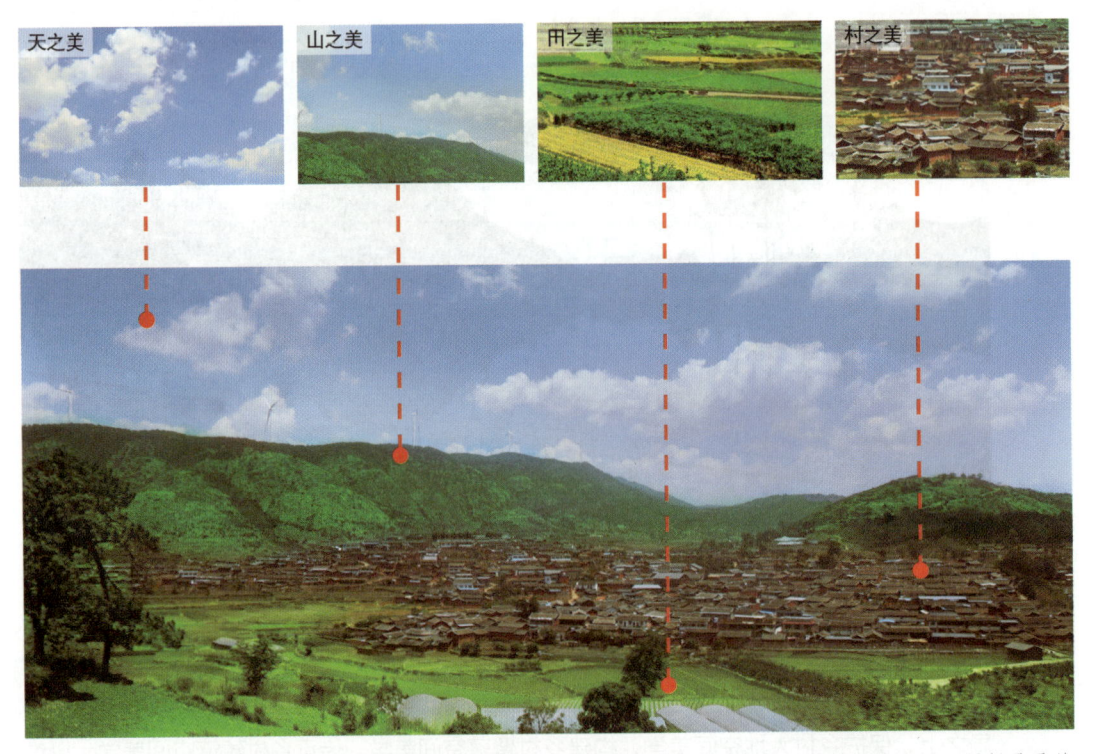

天之美　山之美　田之美　村之美

攀枝花的历史文化名村迤沙拉村，连绵的远山护佑着古老的村庄，近处的方田滋养着村民生活，层层叠叠的建筑错落有致，整体呈现和谐自然、悠远旷达的空间美学……

乡村大地空间的自然和谐之美，正是城里人所向往的美好，也是休闲农业的重要吸引物。休闲农业发展必须要保护好这份美感。在村庄的发展中，应师法自然、尊重自然、顺应自然，不挖山、不毁林，不破坏乡村空间的绿色基底；不动土、不填塘、不改变道路渠系肌理，不破乡村空间的层次和韵律，保护好山、水、田、林、村等空间元素，呈现天然的乡村空间格局，成为城里人眼中最美的景观。

不破坏自然肌理，不打破整体格局，保持乡村空间传统意境，保护乡村大地空间之美。

大巴山的梯田，经过千百年的耕耘形成了错落有致的美感。这样的美，需要精心的呵护

构建聚落空间之美
保存依山就势、就地取材的和谐美

依着起伏的山势，顺着等高线方向，或分阶筑台，或临坎吊脚……人们将平坦的土地留给了耕作，选址邻田的坡地筑房而居。山上村落依山借势、大开大合；山下村落依溪傍水、幽深温婉，整体呈现出错落有致的层次美感。乡村建筑多就地取材于自然，透过古老的石级、木门、夯土墙等，呈现出在地材料天然的色泽与纹理，与周围环境融为一体。依山顺势，就地取材，乡村聚落与自然完美融合，形成了一种和谐的美感。

四川丹巴甲居藏寨，依山而建，有的三五成群聚集，有的独栋伫立，掩映在山间密林中，镶嵌在金黄稻田里，与自然融为一体，宛如一幅"世外桃源"的画卷……

乡村建筑的新建或改建，要尊重村落自然环境和村落文化。建筑的选址布局，要延续村庄的既定格局，注重与山形、地势和周围建筑的协调统一；建筑的材料选择，要尽量选用在地的木材、山石、竹子等乡土材料，保持天然的色彩和纹理，保留当地建筑的特色基因，保存乡村聚落与自然环境的和谐美。

打造小规模、组团式的尺度美

乡村聚落空间，不仅承载着人们躬耕田地、布衣粗食的生产生活，还留存着古老的人居环境营造智慧。少则三五户，多则几十户，农家院落的组团式布局，方便邻里间的人际交往，维系着亲缘、血缘、地缘的情感。农家院落之间通过道路、水系连通，又保持一定距离，留有足够的生态空间，形成了既适度集中，又相对独立的小规模聚居，构建了尺度适宜的聚落空间。

川西林盘的聚落空间，传递出"自然无为即是美"的古老智慧，也是中国现代最宜人的人居环境。

"小规模、组团式"的川西林盘聚落空间

乡村聚落空间的规划，要充分考虑乡村生产、生活、生态的"三生空间"。聚居点的规模不能盲目求大，既要方便生活交流、情感联系，还要保证农宅与田地的距离方便日常生产；聚居点之间要留有一定距离，利用水系、山林及农田连接，留有足够的生态距离和空间，形成富有亲和力、小而紧凑的聚落组团，打造乡村聚落空间宜人的尺度之美。

营造微田园、生态化的朴素美

远观，星罗棋布的聚落，散落在广阔的田园中，犹如一座座绿岛。近观，以农家宅院为中心的聚落空间，则是一个丰富又朴素的微缩世界。房前屋后，总会有篱笆围合的小菜园，绿叶间点缀着瓜果的色彩和清香，既美化了环境，又丰富了生活；外围的林木自由生长，将宅院与外界隔开，既是朴素的风景，又庇护着农家的生活；再向外，蜿蜒的道路从聚落延伸至远方，溪流环绕着青山、滋养着农田，形成一幅绿色生态的画面……聚落的微田园、生态化显露出一种自然的朴素之美。

书湖阴先生壁

茅檐长扫净无苔，花木成畦手自栽。

一水护田将绿绕，两山排闼送青来。

房前屋后，瓜果飘香，绿树葱茏，没有那样让人眼花缭乱的色彩，却多了几分幽静、几分朴实……

在乡村聚落空间的布局中,要在农宅前后规划出适当的空间,用于农民打造小菜园、小果园等。房前屋后,应时种植当地瓜果蔬菜,栽种花期、果期不同的经济果林;整理院落周围植被,栽种乡土树种,营造"林木簇环遮尘喧"的空间意境;塑池理水,再现滨水而栖的生活场景……整体打造房前屋后"瓜果桃李、鸟语花香"微田园、生态化景观,营造朴素的乡村之美。

门前的水塘,既方便生产,又滋养着生活……

门前的道路,连通着外面的世界,也连接着归家的期待……

传承建筑空间之美
延续井然有序的人伦之美

一座乡土建筑，就是一座生活智慧的博物馆。匠人与主人精巧、实用的设计安排，让乡村建筑空间既承载了日常生活起居，又兼具农业生产功能。北屋为尊，为长辈起居处；两厢为次，是晚辈住所；倒座为宾，用来留宿宾客；杂物为附，附属的房间堆放农业生产工具和杂物；宅中庭院，既可以用来晾晒粮食，又是家人情感交流的空间，有序、复合的空间格局深藏着生活的规范和智慧，演绎着中国古老的人伦位序之美。

一处乡土建筑，还原了几代人的生活场景，是乡村文化的缩影。

传统川西民居的空间格局

堂屋
正房
厢房
耳房
天井
戏台

乡村建筑不只是一处住所、一道景观，更是乡村生产生活和文化的载体。乡村建筑空间的设计要考量每个空间的现代功能性需求和文化需求。要延续传统建筑空间布局，还原当地农民的生活场景，传承乡土文化，留存乡村记忆；建筑空间设计要兼顾农民生活和生产，既要有生活的空间，也要有存放生产资料的空间，还要留有庭院、晒场、堂屋等公共交流空间，注重建筑空间的复合性功能。

传承建筑的结构之美

一梁一柱，一榫一卯，在乡土建筑精妙的空间里，既留存着精于工艺的匠心，又演绎着力学与美学的完美融合。乡村匠人们执着于精工慢活，又有着自然的审美情趣，将在地材料的工艺发挥到了极致。穿斗式，将木质构件的纵横拼接；抬梁式，于立柱之上逐层叠加横梁；还有曲线优美的斗拱与精巧的榫卯等构件，完整地呈现出均衡、稳定和富有韵律的建筑结构美学。与此同时，各构件间的力达到了复杂微妙的平衡，并留有伸缩的余地，起到良好的减震效果，实现了实用和美观的完美统一。

乡村建筑的结构之美，美在精湛的建筑工艺，美在高超的建筑智慧。

日本合掌村的传统建筑，人字形的斜面屋顶如同两手合握，屋顶结构由麻绳与木料"捆绑"而成，演绎着力与美的融合……

天府红谷，将地震后的老房子收集起来改成民宿，保护和传承着川西民居的结构和肌理

传统民居建筑一方面融合了传统建筑工艺和建筑美学特征，另一方面也映射出不同时代人们的生产生活需求。当前，乡村建筑的设计既要保留传统的建筑形态，又要提高人们的生活品质。将当地传统构造工艺与当代先进技术结合，再现乡土生活下的乡村建筑形态，传承乡村建筑的结构美学；根据现代人的生活需求，对建筑空间进行合理改造，调整建筑内部空间的高度、光线、干湿度等，嵌入现代化的生活设施，提高人们的生活品质。

上演时节演绎的动态之美

四季更迭，田园记录着农人们春耕、夏耘、秋收、冬藏的生产轮回，也透过大地景观的更替感知时间的温度。春天生机盎然的绚烂，夏天竞相成长的翠绿，秋天果实累累的金黄，冬天银装素裹的萧瑟，大地景观的变化，用色彩诉说着作物依循天时的生命成长历程，用时间演绎着大自然神奇的造物之美。乡村四季之景皆不同，赋予了大地景观动态的自然美学。

你播下种子，让时间来演绎大地的动态之美。

春 百亩庭中半是苔，桃花净尽菜花开

夏 稻花香里说丰年，听取蛙声一片

秋 喜看稻菽千重浪

冬 天寒色青苍，北风叫枯桑

时节更替，万物变迁，田园上作物色彩与芳香的变化，演绎着生命的礼赞与自然的恩赐……

休闲农业以乡村为基底，离不开土地，也离不开田园。乡村田园景观的打造，必须顺应季节的更替，种植在地的农作物、果树、林木等，优化不同植物的颜色、身姿、空间尺度等，重视植物的层次营造、数量配比、种类搭配等，既留存乡土的记忆，又奠定乡村产业基础，还营造出四季不同的田园景观，呈现乡村大地景观的动态之美。

展现浑然天成的野趣之美

木篱笆上攀爬藤蔓，田边恣意开的野花，溪水胡乱冲刷山石，竹林里鸟儿欢快歌唱……乡村世界里不需要像城市一样布满人工雕琢的整齐一律，更需要自然而然的"野"，生命按照各自的本性自由自在地生长，事物遵循自然的规律乱中有序地组合。乡村原生的"野"不需要过多的惊扰，遵循自然本性，不经粉饰，不加雕琢，还原自然本真的模样，既赋予乡村"复归于朴"的朴拙美，又让置身其中的人感到野趣横生。

幽禽隔树小，滋蔓上墙生。蒲长青堪把，桑空茧欲成。自缘耽野趣，不是爱逃名。

——明·孙一元《幽居杂兴·野次寡轮鞅》

乡村之"野"，"野"在生命原真的本色，"野"在自然乱中有序的和谐，"野"在惊鸿一瞥中意外发现的美

乡村建设不是再造一座城，而是建一个诗意栖居的家，就需要留存乡村的自然气息和野趣之美。不需要将乡村植物修剪得过于精致，不需要将乡村动物圈养或驱赶，就让它们自然地生长；乡村要减少水泥的使用，生态化处理河岸、道路，让河边路旁也要郁郁葱葱；选择不需要过多打理就能生长的乡土树种或花草，点缀房前屋后、田间地头，展现出有乡村味道，又充满野趣的乡村空间之美。

Part 2
演绎乡村生活美学

　　乡村，可以将生活还原成原本的模样。在这里，顺应着时节的节奏，日出而作，日落而息，生活总是张弛有度；在这里，绿色的环境，舒缓的节奏，还有安放闲情逸致的时间，生活充满了诗意与闲适；在这里，一句不经意的问候，一个温暖的笑容，生活里满是浓郁的人情味；一道熟悉的美食，一场欢乐的节庆，连接心底最真挚的感动，演绎着独特的在地风情。一犁一锄，一杯一盏，一餐一食，领略农家人的生活智慧，演绎勤劳、闲适、温暖的乡村生活美学。

村民习以为常的日子里彰显出生活之美，体验乡居生活正成为一种时尚

　　城里人向往着乡村，渴望着诗意又温暖的生活。休闲农业，要彰显乡村生活美学，强化生活美学意境，让城里人能从一种生活场景穿越到另一种生活场景，接受灵魂的洗礼，体验和感悟乡村生活之美。

顺应自然节律的张弛有度

自古以来，农民就守着一方土地，用勤劳耕耘着生计，年复一年，生活艰辛而又安宁。农民没有明确的时间观念，却懂得按照自然节律安排生产。四季轮回中，春天播种，夏天打理，秋天收获，冬天贮藏，劳作不违背农时；日夜转换中，日出而作，日落而息，生产和生活安排得井然有序。劳作也有忙有闲，农忙时耕作不分晴雨天，农闲时悠闲地打理生活。张弛有度的生活富有节奏和韵律，凝结着农民的生活智慧。

日出而作，日落而息。

"晨兴理荒秽，戴月荷锄归。"农忙时，农民按照时节抓住生产的关键，体现了古老的生活智慧

农闲时，农民们也放下锄头，卸下忙碌，欣然地享受农村闲适的生活

城里人的生活早已被刻在了时钟的节奏里，日夜的忙碌中忽略了日出与日落。休闲农业可以农业生产为内容，设计不同季节的农事体验活动，让城里人关掉手机、卸下压力，跟着当地农民感受日出而作、日落而息的生活节奏，体验春天耕作、秋天收获的时节转换，回归最自然的生活方式。

怡然自得的闲适生活

慢生活：舒缓中的闲情逸致

穿越过城市的"水泥森林"来到乡村，徜徉在大自然的绿色海洋里，一切都顺应着大自然的舒缓节奏。千百年来，农村都是自给自足的小农经济。农民以家庭为单位，可以灵活地安排农业生产，再加上劳作有忙有闲，人们的日子总过得不紧不慢。整个乡村的生活节奏慢了下来，人们心中也是满满的充实和欢喜。

在乡村，让你慢下来的除了生活，还有绿色、自然、幽深、朴素的环境

在乡村，漫步于田间，体验地道的农家生活，不知不觉中时光就慢了下来

乡村生活的慢，慢在一切都顺应着自然的节奏。要让城里人体验乡村慢生活，就要让乡村保持着与自然的和谐。古朴的民居、清净的庭院、葱茏的绿道、层叠的茶田……营造绿色、自然、朴素的乡村环境，可以让城里人的脚步慢下来；上山采茶、织布蜡染、美食制作……延续传统的农家生产生活方式，可以让城里人的心灵慢下来。安享乡村闲适的慢生活，不急不躁，这里装得下你的闲情逸致，也容得下你的快意人生。

静生活：静谧里的惬然快意

没有车水马龙的喧嚣，没有人声鼎沸的吵闹，乡村生活多了份恬淡静谧。走进乡村，邻家的大狗追着花猫玩耍发出的叫声，算是村里午后分贝最大的声音；白日的蝉鸣和傍晚的蛙叫协奏的自然乐曲，没有感到一丁点的烦躁；秋雨拍打窗台的滴答声，风儿吹动树叶发出的婆娑声，都直击心底……

乡村的静生活，可以让心中的时光静止，
可以疗愈城里人浮躁的灵魂。

乡村的静，留存了自然的声音和生活的节奏，让人看到了生活恬淡静谧的样子，又找到自己安静的内心

乡村的静谧是稀缺的休闲资源，需要用心的呵护与维持。人多声杂，过大的人流量会让乡村变得繁盛，也会将乡村的静谧淹没。这就需要对乡村发展做出规划，在保护自然生态和保证正常生产生活的前提下，科学预测乡村环境人口容量，合理控制游客规模。同时，乡村除了营造静谧的环境，还需要安放宁静的心灵，可以设计茶道、禅修、国学、绘画等业态，让城里人寻找心中的恬淡，积蓄继续出发的力量……

浓郁的人情味

仲夏的夜晚，村口的老树下，老人们纳凉休憩，孩子们嬉戏打闹，女人们家长里短，上演着最质朴的情感交流；门前的晒场上，你帮我看场，我帮你翻晒，展现着最温暖的邻里乡情；农闲的雨天，家里的堂屋坐满来往的乡邻，这里便成了情感延续的空间……村里人就是这样，纯朴，不耍心眼，重感情，没事走动走动，喜欢相互帮衬，在长期的生活中形成了浓郁的人情味。

离得了乡村，却离不开淳朴温馨的乡情。

乡村里，熟悉的人情，和谐的人际关系，是城里人心中的向往

城里人来到乡村，渴望重新找回曾经温暖的亲情。村里人就要以开放、包容的心态获得城里人的情感认同。村民们不必吝啬平日的热情，暖心的接待、温馨的服务、热心的交流，让城里人就像到了邻居家串门那般亲切；村民们要更主动地分享，让城里人过上地道的乡村生活，感受到旧时纯朴温馨的乡情。

独特的在地风情

乡村美食：舌尖上的独特记忆与风情

人不管走南还是闯北，总会念念不忘故乡的味道。农村人最接近自然，也学会了接受自然的馈赠。乡村美食，取山野里的食材，再以传统的工艺制作，原汁原味地保留了乡村的味道，也成为演绎地方风情的重要载体。如今，乡村美食已成了人们情感的纽带，尝一口便会勾起童年的记忆和浓浓的乡愁。

在地食材：家里的菜园里，一年四季种满了蔬菜，西红柿、辣椒、黄瓜、南瓜、茄子等，正是这些新鲜的瓜果蔬菜保留了泥土的气息，赋予了乡村美食独特的味道

传统工艺：一方石磨、一盘石碾、一座土灶……古老的器具里承载着传统的烹饪技艺，石磨手工磨出的豆腐，石碾磨制的谷物，土灶里的火候正好，上演着煎、炸、炖、煮、烘、烤，飘散出牵引味蕾的饭菜香味

对于城里人来说，乡村美食不仅要有记忆里的情感，还需要更精致的颜值和优质的品质。乡村天然的食材融合传统的工艺，烹制的菜肴保留着自然的清香；均衡的营养搭配再配上精致的器具，满足城里人对健康美味的需求；再建立品牌，能让乡村美食的情感记忆更加稳固。

故乡的味道，乡土的记忆。

讲求营养与精致：如今，乡村的美食既需要锁住童年时妈妈的味道，又需要符合现代人的饮食需求。在保证味道的同时注重菜肴营养的搭配、菜式摆盘的精美和器具的精致，让"土气"的乡村美食更加"洋气"

追求品牌：注重乡村美食品牌的塑造，给城里人的乡愁创造一个寄托的载体，让情感的记忆更加稳定

乡村节庆：演绎在地文化与风情

顺应农时，乡村的节庆多安排在农闲的日子里。人们卸下了生活的重担，换上了节日的盛装，出门感受生活的庄重与欢乐。庄严的仪式，欢乐的歌舞，传统的服饰，都是一道道亮丽的风景线。人们用各自的方式表达着生活的情感，或纪念先祖，或感恩丰收，或趋吉避凶，或期盼团圆，既是农村人对宁静平淡生活的审视，是对未来生活的守望与希冀，是一种对生活无限热爱的生活美学，也演绎出不同的文化与风情。

乡村节庆，既是生活又是文化

如何让城里人触碰到乡村节庆里的情感与风情？那就既要有的"看"，又要有的"玩"。有的"看"，就要深度挖掘乡村节庆的文化内涵，恢复传统的乡村节庆形式，营造出原真浓郁的乡村节庆氛围；有的"玩"，就要注重节庆活动的体验性，在愉快的参与过程中传感出节庆背后的生活意义和文化内涵，让城里人形成文化感知和情感记忆，体悟到节庆里的乡村风情和生活美学。

Part 3
绽放乡村商品美学

当人们离土地越来越远时，乡土性就越显得弥足珍贵。城市里品类繁多的瓜果蔬菜，总让人觉得吃得不安心，人们开始想念田间地头里带着露珠的新鲜蔬菜，还有记忆中清甜可口的味道；流水线生产的商品，冰冷、单调、同质化，早让人出现了审美疲劳，人们又开始怀恋乡村留存着手工温度、自然审美和不可复制的传统手工艺品。乡村农产品和传统手工艺品，传递出了在地生态化和个性艺术化的乡村商品美学，也成为人们浓浓乡愁的载体。

生态有机的农产品，精美的"伴手礼"，绽放出乡村商品美学

当前，在农旅融合、文旅融合的大势之下，要以满足现代人的生活需求为导向，以文化创意为手段，导入符合现代人审美趣味与消费习惯的时尚元素，赋予乡村农产品、手工艺品更"洋气"的外观品相，更"高贵"的文化气质，把隐藏在乡村的农产品、手工艺品变成现代人喜闻乐见的"时尚商品"，让乡村商品美学更加完美地绽放。

文创，让农产品之美生花

"一方山水养育一方人"，一方山水也滋养着当地的物产，烙上了地方的记忆。乡村的山水、阳光与雨露孕育出的物产，丰富着当地人的味蕾，形成独特的味道和情感记忆。与此同时，当城市餐桌上的美味缺少信任背书时，纯净的山水资源，有机的耕作方式，自然的生长时序，乡村产品留存着生态与时间的味道，符合现代人健康饮食的需求，也成为城里人餐桌上的时尚。

不施化肥，不洒农药，提升产品的内在品质；
文创设计，精致包装，提高产品的外在颜值。

有机生活

古法种植，有机原料

天然的农产品略微粗糙的外表，让其商品美学和市场价值都大打折扣。利用文创手段，精心设计外观包装，提高产品外在质感，符合现代都市人的审美和消费习惯，将商品内在的在地生态性放大，不断提高农产品附加值，让农产品生花。

生活，赋予传统手工艺品新的生命

当机器取代了手工后，城市商品有了更高的生产效率，但标准的模样也少了天然的美感和温度。乡村手工商品则有着另一种美：取材于自然，保留着材料最原始、最天然的纹理、色彩和质感；每一件产品都融入了匠人的设计和审美，极具艺术性；每一处细节都传承着千百年的手艺和匠心，每一件作品都有不同的形态，极具个性化……乡村手工商品没有整齐划一的外形，却有着来源于自然的美感，传感出手工的温度。

乡村传统手工商品，自然的美感，手工的温度

当前，乡村传统的手工艺正日渐走向消亡。乡村传统手工艺要获得新生就要融入现代人的生活。一方面，传统工艺需要展示和体验的平台，让精湛手艺能够在现代人的生活中得以展示，并可以近距离体验；另一方面，传统工艺要与现代人的审美趣味和消费习惯结合，导入现代时尚元素，创作出有现代生活气息、时尚美感的工艺品，符合现代人的消费需求，焕发出传统手工艺新的活力。

路径五

温馨服务，用服务创造具有市场价值的记忆

以细节制胜，让旅游服务设施也有温度
分享与共享，主人与游客分享乡村生活
用心与精心，努力提供超值的服务体验

Part 1
以细节制胜，让旅游服务设施也有温度

休闲农业，不只是观赏了一道美丽风景，更是分享了一种自然温情的生活。这生活的温度传感在不经意的细节中，也能体现在"不起眼"的服务设施上。服务设施要体现休闲农业"小而暖"的气质，像朋友般关心游客的需求，灵活、暖心的设计，科学、合理的布局，展露出无处不在的人文关怀，让服务设施成为一道有温度、有味道和有美感的风景。

◆ **人性化的设计**：外观上，既要保留自然的色彩和质感，又要自然地融入在地文化，注重游客对乡村场景的体验感受；内饰上，要配备完备的设施、温馨的装饰，还要有精心的日常打理，用细节上的便利和温馨感动游客。

◆ **合理化的布局**：服务设施的布局，以快捷性和便利性为原则，既考虑乡村特色景观和项目的布局，又要考虑游客对设施需求的频度、密度、时间段等。

乡村的生态停车场，选取在地的竹子搭建，竹架上爬满丝瓜、黄瓜等蔬菜藤蔓，既有浓郁的乡土气息，又传递出自然的温度与生命的律动

路径 | 235
——雕琢大陆休闲农业发展"玉之精美"

主人设计的餐盘，小巧精致，亲自布置的房间，功能齐全，温馨雅致，既可以看见主人的用心，又传递出设计的温度

路旁的休息座椅，根据游客的需求选址在林木茂盛的阴凉处，并融入了本地元素，诉说着乡土故事，传感出文化的温度

Part 2
分享与共享，主人与游客分享乡村生活

主人，重新爱上村里的生活

千百年来，农民是一方土地的耕耘者，是乡村真正的主人。长久地生活在乡村，农民早已习惯了劳作的艰辛，见惯了绿色的山水，吃惯了田间的蔬菜，却发现不了这里独特的美。休闲农业的发展需要农民能重新发现这方土地的美，对这里的美有强烈的认同感。山水田园的静美，古宅老树的厚重，夜听秋雨的闲适，熟悉温暖的人情，这些村里人习以为常的琐碎，都是城里人所追寻的诗和远方。主人们应将乡村生活的幸福都写到脸上，在这片土地上有尊严地生活，与远道而来的客人分享这里的美。

乡村的美，需要主人的认同、经营和分享才可以永续。

不管是土生土长的原住民，还是怀揣梦想的新村民，只有自己先爱上了乡村，才能与远道而来的客人分享

将远道的客人当亲密的朋友

"来者皆是客""有朋自远方来,不亦乐乎?"自然乡野里散发着最浓烈、最质朴的人情味。远道的客人,总会带着些许对乡村生活的热情而来。如何让客人的热情不被消耗?这就需要主人的智慧。不再把客人当成高高在上的贵宾,而是亲密的朋友,主动分享乡村生活,让客人在深度体验中体味到家人般的温暖。

◆**田间劳作**:用身体拥抱自然,用双手触碰泥土,体验汗流浃背的农作中凝结的酣畅淋漓和收获的喜悦。

◆**手工制作**:一刻一画间,让传统技艺在手中翻转,感受精雕细磨的手工中静止的时光和安定的心灵。

◆**观光游玩**:当一次最熟悉路线的司机,做一次最贴心的导游,为客人推荐攻略里不会有的私房景点。

◆**闲适生活**:喝喝茶,聊聊天,摆弄摆弄花草,学一道地道的乡村美食,体会"采菊东篱下,悠然见南山"般农家生活的闲适。

在休闲农业的经营中,当地农民的积极参与,不仅提高了农民的经济收入,还通过与游客的交流和分享让自身的精神与价值得到提升

Part 3
用心与精心，努力提供超值的服务体验

让城里人的梦不被惊扰

当城里人的情怀飘落到了乡村，就在这里做一场少了烦忧纷扰、多了诗意的梦。主人，一个在地的造梦者，用心地让客人的梦境自由地发散，悄悄地温暖，不要过多干扰。主人在尽心照顾客人衣食住行的前提下，也需要与客人保持适当的距离，留给客人更多轻松、自在的时间和空间，不去打扰客人思考人生，不去干扰客人阅读心情，在点滴中给客人恰到好处的温暖，让一切都变得舒服和自然。感知客人心底渴求的自由并尽力地去维护，这样的服务体验更超值。

随心所欲，才是旅行最本真的样子。

学着让客人独处，慢慢体味乡村的味道，静静地卸下生活的烦恼，也是超值的服务体验

个性化的前台、暖心的点心、温馨的茶话会……休闲农业的超值服务不需要"高大上"的奢华，只需要将主人的用心传递至游客的心里

恰到好处的小温暖

　　休闲农业之美，美在"小而精"，小体量里的精致；美在"小而暖"，小细节里的温暖。主人给了客人寻找灵魂的自由，也要让客人的旅途并不孤单。这份温暖常常就藏在细枝末节的用心之中，这些看似不起眼的细节，却有着穿透客人心灵的力量，让暖意不断地向上升腾，直至心窝。

　　旅游服务讲究"标准化"，更胜在"个性化"。客人到来之前，一通电话、一句关切、一声温馨提示……足以缓解客人内心的紧张不安；到来之时，一个拥抱、一杯饮品、一碟糕点……足以释放旅途的疲惫；入住期间，一碟"泡菜"、床头一杯安神的牛奶、一次有爱的互动……足以收获一段故事，邂逅一段情感；临走之时，一张照片、一份伴手礼、一份惜别……足以锁定客人的泪点。

路径六 体验增色，营造休闲农业"浸入式"消费场景

重视场景，打造具有文化美学的空间注重程序，营造层层递进的体验氛围寓教于乐，提高游客心灵的获得感

Part 1
重视场景,打造具有文化美学的空间

休闲农业,以农业为基础,以休闲为目的,实质上是在向城里人售卖一种"体验",自然少不了体验场景的打造。体验场景是消费者的第一感觉,如果能激起消费者内心的兴奋与震撼,就能引发强烈的体验与消费欲望。休闲农业体验场景的打造,既要留有文化的底蕴,又要有现代美学设计,还要能讲出好故事,才能真正吸引消费者的心灵,具体包括以下三个方面:

◆ **展示主题文化元素**:围绕体验的主题,挖掘、提炼和展示主题文化元素,让场景每一个角落充满文化韵味,更聚焦地表达场景的主题和内涵。

◆ **融入现代设计美学**:融入现代美学设计理念,精细化地设计场景内的景观,让整个场景既留有"土味",又有"高颜值",留给消费者深刻的第一印象。

◆ **赋予场景故事内涵**:为场景构造有情节、有温度的故事,让消费者能与场景产生互动,身临其境地参与每一个故事情节中,引发内心的情感共鸣。

成都大梁酒庄,以田园为基底,以稻草为材料,将农耕文化与童话故事相结合,用智慧与创意打造出浸入式的田园童话空间

Part 2
注重程序，营造层层递进的体验氛围

古人云："沐浴焚香，抚琴赏菊。"仪式感让生活变得庄重，也让人的心灵慢了下来。城里人来到乡村，就是为了疗愈快节奏生活中的浮躁。休闲农业的体验设计，要更注重体验的程序，在递进的环节中让游客慢下来，获得更深度的五感体验，形成更深刻的、更长久的回忆。无论是恢复传统仪式，还是创新设计新仪式，都可以从以下两方面入手：

◆ **解构体验的环节**：围绕体验主题，精心解构体验环节，梳理每个环节所要展现的内容、表达的情感，环环相扣，层层递进，丝丝入心。

◆ **有序地引导体验**：在体验的每一个环节里，都需要有服务人员的有序引导来唤醒游客的情绪，提醒游客将情感倾注到体验活动中来。

采茶　选茶　炒茶

品茶

从采茶到饮茶，从碾茶、擦杯、注水到出汤，烦琐的细节有虔诚之心。品出的是茶香，更是一种心境的修炼

Part 3
寓教于乐，提高游客心灵的获得感

休闲农业根植于乡村，这里有凝结着智慧的农业生产、充盈着人情味的农民生活、充满了活力的农村生态……在社会发展中，乡村早已脱离了粮食保障的单一功能，逐步成为人们放松心灵、寻找灵魂的休闲之地，也成为亲近自然、感知生活、认识世界的学习之地。休闲农业的体验设计，不能只有趣味性，只有欢声笑语，一片热闹过后没有收获，应该让"学"无处不在，让游客能够获得知识、升华情感，这也是这片土地的责任。

体验要有趣味，更要有获得。

农业课堂

草木染

休闲农业的体验，要让游客零距离地感知当地的生产、生活、生态，在快乐轻松的氛围中获得更丰富的知识和情感体验

乡村是生产、生活、生态空间的统一体。围绕农业生产程序、农村生活场景、农村自然生态，设计出妙趣横生的体验项目，既要将乡村故事、知识、情感巧妙地融入，又要兼顾体验的互动性、参与性，让游客在快乐中学习、在学习中快乐。寓教于乐的休闲农业体验设计具体包括：

◆ **农业生产程序体验**：将农业生产的播种、管理、采收、储藏等程序创意设计成体验项目，让不同年龄的游客培养热爱劳动的情操、认识农作物生长过程、体验劳动的艰辛和收获的喜悦。

◆ **农村生活场景体验**：让游客亲身体验传统手工制作技艺、烹饪技艺、乡村节庆等生活场景，让学生培养动手能力，让成年人重温乡村记忆。

◆ **农村自然生态体验**：把游客带入大自然中，与花、鸟、鱼、虫等动植物近距离接触，认识自然，感悟生命，培养保护环境、热爱自然生态的意识。

认识最真实的世界，留存最纯真的天性。

生产工序体验
- 水牛犁地
- 田间播种
- 稻田插秧
- 田间管理
- 割稻脱粒
- 丰收节庆

农业生产 → **农民生活** → **农村生态**

生活场景体验
- 石磨磨面
- 古法榨油
- 酒窖酿酒
- 木雕石刻
- 豆腐制作
- 乡间美食制作

生态环境体验
- 找蝌蚪
- 寻找萤火虫
- 认识植物
- 喂养小动物

路径七

跨界融合，延伸休闲农业产业链条

打破「画地为牢」，精细化打造多元业态

追求全产业融合，创造更多的消费价值

精深加工与文化创意，无限延伸产业价值链

Part 1
打破"画地为牢",精细化打造多元业态

尼采说:"我们走得太快,是时候停下来等等自己的灵魂了。"城里人往往走得太快,就开始向往慢节奏的乡村,想在这里等等落下的灵魂。但真正能装下城里人身心的不会是破败的乡村、粗糙的业态,而是带有田园气息的精致生活与业态。休闲农业发展可以从业态丰富度、设计精细度、创意惊喜度三个方面来思考。

◆ **业态丰富度**:统筹规划,明确村庄发展的主题,围绕主题有逻辑、内涵式地衍生出多元的业态,不再需要刻意地追求"量"的叠加。

◆ **设计精细度**:精细打造每一业态的场景和产品,立体化展示乡村不同层次的美学,让游客沉浸在自由、乐活的乡村里。

◆ **创意惊喜度**:创意设计,在多元业态中展示超乎游客预期的惊喜,在游客心中留下难以忘却的美好回忆。

休闲农业业态发展离不开"更多""更精""更惊喜"三个维度。

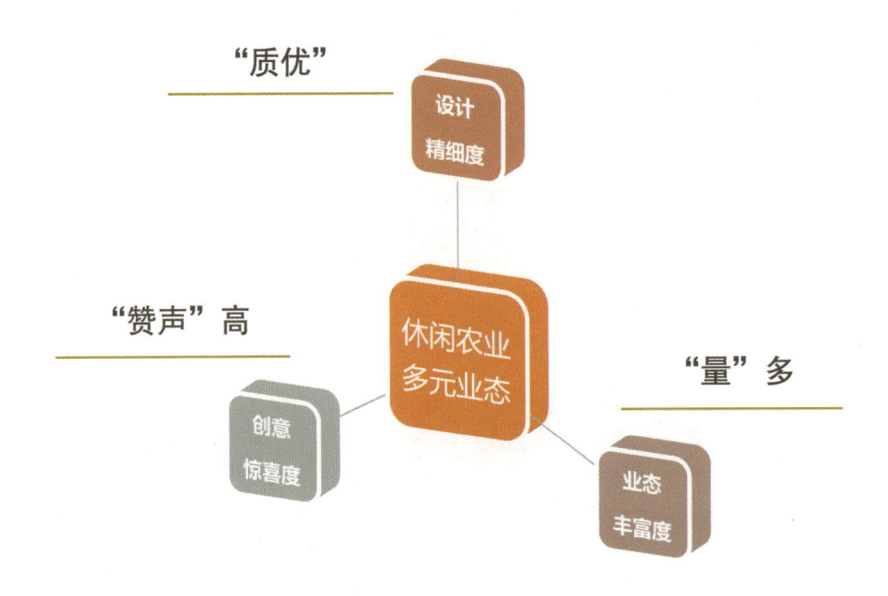

Part 2
追求全产业融合，创造更多的消费价值

关于旅游，人们不断地赋予它丰富的内涵，也逐渐由观光游览转向休闲度假与深度体验。这也倒逼着旅游产业，不断地创新旅游产品，拓展产品的广度和深度。休闲农业，既连接着城市里的需求，又集聚了农村资源，是联动城乡发展的最优平台。在这个平台上，休闲农业要通过与三次产业的相互渗透、功能互补，不断培育和发展新产品、新业态，将单一的农业观光产品升级为以休闲度假为主的多元产品体系，满足甚至创造新的市场需求，创造更多的消费价值。同时，全产业的融合还要整合完整的产业链，提高农业的附加值，实现农业由单一的经济功能向综合功能的转变。

◆ **休闲农业与第一产业融合**：休闲农业以第一产业为基础，除了现有的田园观光、农事体验等休闲产品外，还可以与高科技农业相结合，形成科技型休闲农业产品，为游客提供了解农业历史、学习现代农业技术、增长现代农业知识的休闲活动。

- 田园观光
- 农事体验
- 农业科技教育基地
- 少儿教育农业基地

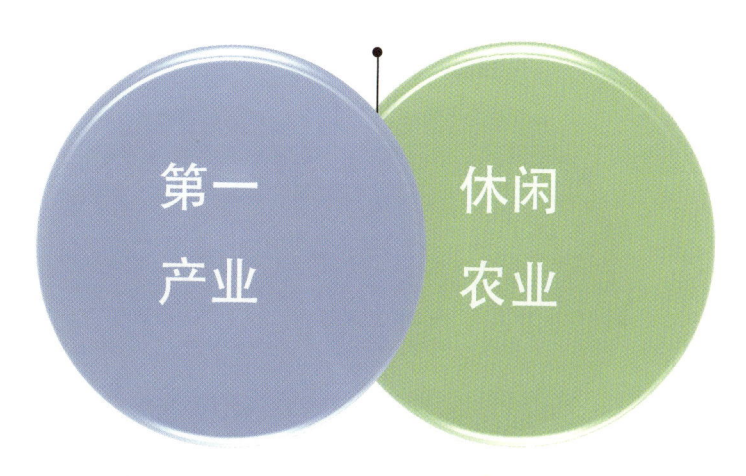

第一产业　　休闲农业

◆ **休闲农业与第二产业融合**：城里人来到了农村，实地观看了农作物生长环境，体验农事活动，就有了购买农产品的欲望。除了农业初级农产品之外，观看、体验农产品加工和手工艺品制作，都会给城里人留下难忘的记忆。

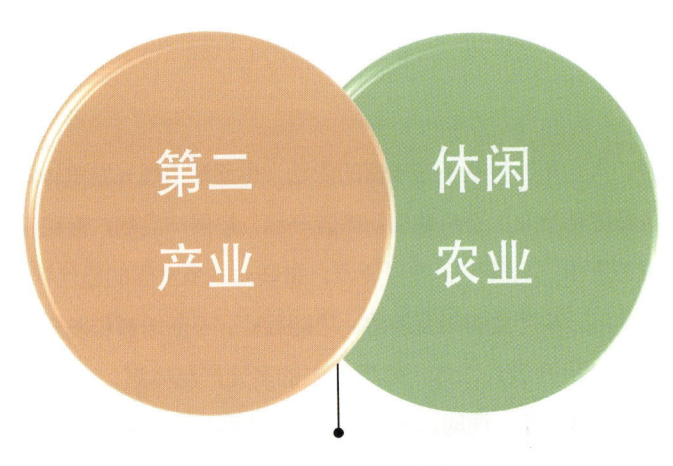

- 农产品加工观光、体验
- 手工品制作观光、体验

◆ **休闲农业与第三产业融合**：休闲农业本质上属于第三产业，与住宿、餐饮、文化、娱乐、教育、体育、艺术等其他类型的第三产业融合，可以创造出更丰富的业态。

- 自然课堂
- 以乡村为题材的摄影、电影、音乐等
- 特色民宿、餐饮
- 山地越野、户外自行车、乡村马拉松
- 田园养老

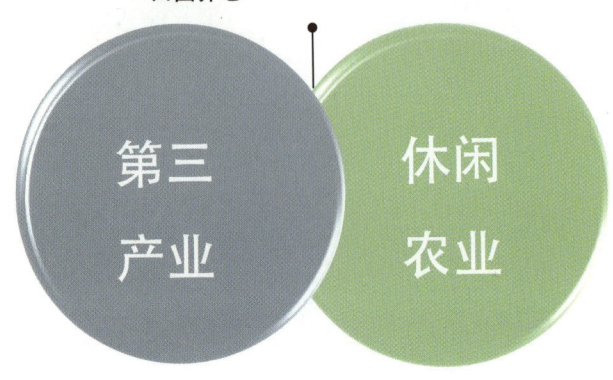

Part 3
精深加工与文化创意，无限延伸产业价值链

在我们熟知的农业里，生产、加工、销售等环环相扣，已形成了一条完整的产业链条。而每一环节都在实现产业增值，也相应形成了一条产业价值链条。生产环节是一切价值形成的基础，但由于技术含量最低、可替代性最强，附加值也最低。在加工环节，利用科技对初级产品加工越精细、越有深度，就越能满足日常所需，是产业价值增值重点环节。在销售环节，创意的包装设计可以增加农产品的知识、文化、技术和品牌含量，将传统农产品转化为更具审美价值形态、健康生态理念、文化内涵的全新农产品，提升农业生产的附加值。

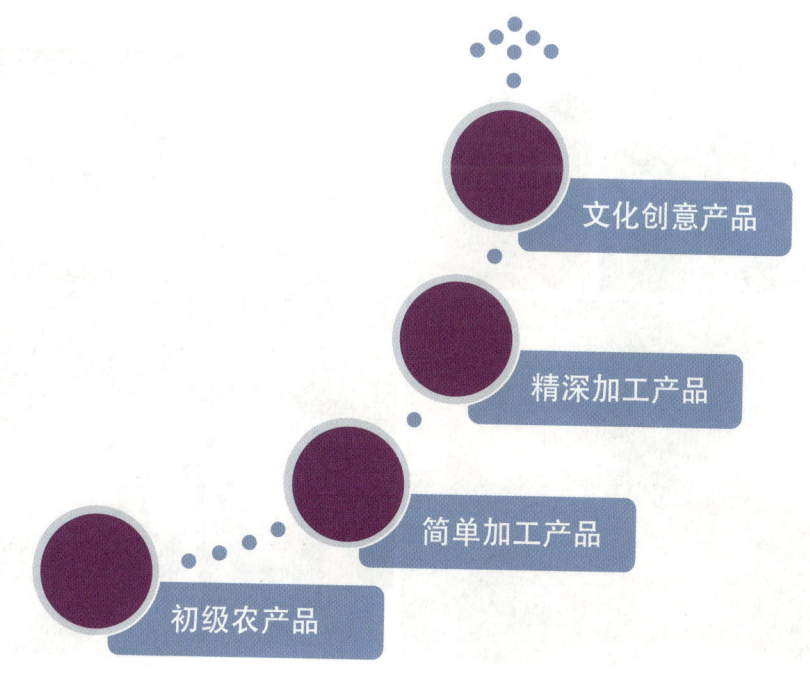

- 初级农产品
- 简单加工产品
- 精深加工产品
- 文化创意产品

从初级农产品转变为文化创意产品，农产品的实用价值、文化内涵、品牌价值不断攀升，农业产业价值链也在无限延伸

乡村旅游：多业融合
——台湾之"石"与大陆之"玉"

目前，休闲农业还多局限在农业生产环节，观光园、采摘园、简单的农事体验对实现农业产业增值的作用有限。休闲农业将产业融合拓展至第二、第三产业，把地道的农产品变成"有文化、有技术、有品牌"的休闲产品，不仅可以温暖和感动城里人，还可以无限延伸产业价值链。这就需要农产品的精深加工和文化创意。

◆ **精深加工**：将工艺触角伸向优质农产品的更深处，精细化、深度化加工，丰富产品的层次，让稻田的水稻变身为晶莹的稻米、雪白的米饭、可口的米糕……

◆ **文化创意**：用创意的设计演绎在地文化的魅力，让产品与游客进行互动与沟通；用创意寻找产业间新的连接点，创生出新的业态，拓展产业链的长度。

产业价值的大小取决于产品科技的含量与文化的厚度。

成都大梁酒庄，地里种着成片的高粱，酒坊里有传统的酿酒工艺，酿出的酒有创意的包装设计，从原料种植到酒品的销售，精深加工和文化创意点亮了农产品的价值

路径八 政策助力，健全休闲农业发展的制度保障

- 打造休闲农业产业发展平台
- 夯实休闲农业基础设施建设
- 加强休闲农业人才队伍建设

Part 1
打造休闲农业产业发展平台

休闲农业的发展,要注重平台思维。因为分散的乡村资源是没有多少价值的,只有将这些闲置分散的资源集中到一个平台上,才有可能产生"1+1>2"的系统效应,实现资源的溢价;原子化、分散化、小富即安的小规模户营经济缺乏提质升级的动力和能力,在市场推广、服务管理等方面处于弱势地位,加上农民契约精神的欠缺和与单个农民合作高昂的交易成本,既不利于与外来资本的有效对接,也不利于村民利益的保障。

因此,只有通过强有力的平台设计,整合分散的乡村资源,再通过组织平台的建设促进信息的畅通与供需双方的对接,吸引更多的资金、项目、人才等要素进入乡村,盘活乡村闲置农房、土地、劳动力等资源,推动乡村业态的差异化发展。

平台虽然抽象,但有非常强的资源整合力和产品衍生力。

在休闲农业的发展过程中，平台的实现形式多种多样，只是不同参与主体的责权利的组合差异。如资产平台管理公司、股份制公司、专业合作社等形式。无论平台的实现形式如何，其最终的目的都是通过平台的搭建，盘活乡村资源，提高农民的组织化程度，降低投资者的交易成本和投资风险，丰富旅游业态，提升休闲农业发展水平……

平台设计的本质，是休闲农业发展过程中的机制创新和运营模式设计。

西安袁家村用产业化和合作社的形式，形成了互相参股、你中有我、我中有你的合作社模式。这些特色的养蜂合作社、醪糟合作社、辣子合作社、酸奶合作社不仅是农民的创业平台，也是袁家村把农民组织起来，由农民自主解决三农问题，走上共同富裕之路的重要手段。此外，袁家村还成立了管理公司、协会（小吃街协会、客栈协会、酒吧街协会）等平台，对袁家村经营项目和服务功能的拓宽与升级以及品牌的提升具有重要意义

Part 2
夯实休闲农业基础设施建设

完善和提升休闲农业基础设施

基础设施的提升、人居环境的改善，是休闲农业与乡村旅游提质升级的基础性保障。因此必须要加强休闲农业和乡村旅游特色村的道路、供电、供水、厕所、停车场、垃圾污水处理设施、信息网络等基础设施建设，加强相关旅游休闲配套设施建设，为休闲农业营造良好的发展环境。在休闲农业和乡村旅游发展过程中，基础设施的完善和升级应满足生态化、艺术化、数字化的要求。

◆ **生态化**：各类建筑材料、内外部装饰、整体布局等多角度体现生态、绿色、健康的特征。多用竹子、木头等乡土材料，既环保，又能体现乡土韵味。

◆ **艺术化**：各类设施在满足功能性需求的前提下，尽量融入艺术思维、美学思维，提高设计水准，营造艺术美感。

◆ **数字化**：各类设施特别是信息服务设施，应充分利用现代数字技术，通过数字化运营，连接用户和数据，为游客提供最便捷、最有价值的服务。

污水排放处理、垃圾排放处理、旅游厕所、餐饮住宿洗涤消毒设施…… —— **环卫设施**

交通设施 — 生态化 艺术化 数字化 — **服务设施**

村落外部交通、农业景观道路、村庄内部道路、停车场……

游客综合服务中心、特色餐饮、特色民宿、购物、导览标识系统、电子触摸屏、通信设施……

"消费的搬运"的实现，离不开完善的设施和便捷的服务。

政策倾斜，为休闲农业提供用地保障

作为新型产业形态和消费业态，休闲农业需要一定规模的建设用地指标以兴建餐厅、住宿、停车场、旅游厕所等服务设施。针对休闲农业发展过程中存在的休闲用地供给不足、集体建设用地无法上市交易、产权不明晰、权能不完整、投资者缺乏必要的产权保障等问题，国家陆续出台了一系列促进休闲农业发展的政策措施（如下表所示），对解决当前休闲农业发展所面临的土地瓶颈起到了关键性的政策指引和保障作用，但仍然难以满足休闲农业产业规模的扩大与升级对土地的巨大需求。

具体政策	文件出处	发布单位	发布时间
在实行最严格的耕地保护制度的前提下，对农民就业增收带动作用大、发展前景好的休闲农业项目用地，各地要将其列入土地利用总体规划和年度计划优先安排。支持农民发展农家乐，闲置宅基地整理结余的建设用地可用于休闲农业。鼓励利用村内的集体建设用地发展休闲农业，支持有条件的农村开展城乡建设用地增减挂钩试点，发展休闲农业。鼓励利用"四荒地"（荒山、荒沟、荒丘、荒滩）发展休闲农业，对中西部少数民族地区和集中连片特困地区利用"四荒地"发展休闲农业，其建设用地指标给予倾斜。	《关于积极开发农业多种功能 大力促进休闲农业发展的通知》	农业部等十一部门	2015年
支持有条件的地方通过盘活农村闲置房屋、集体建设用地、开展城乡建设用地增减挂钩试点、"四荒地"、可用林场和水面、边远海岛等资产资源发展休闲农业。鼓励各地将休闲农业和乡村旅游项目建设用地纳入土地利用总体规划和年度计划合理安排。在符合相关规划的前提下，农村集体经济组织可以依法使用建设用地自办或以土地使用权入股、联营等方式与其他单位和个人共同举办住宿、餐饮、停车场等休闲旅游接待服务企业。	《关于大力发展休闲农业的指导意见》	农业部等十四部门	2016年
各地区在编制和实施土地利用总体规划中，乡（镇）土地利用总体规划可以预留少量（不超过5%）规划建设用地指标，用于零星分散的单独选址乡村旅游设施等建设。	《促进乡村旅游发展提质升级行动方案（2018年—2020年）》	发改委等十三部委联合发布	2018年
允许利用1%~3%治理面积从事旅游、康养、体育、设施农业等产业开发。	《乡村振兴战略规划（2018—2022年）》	中共中央、国务院	2018年

要从根本破解休闲农业用地供需矛盾，应积极推进农村土地"三权分置"改革，在符合土地利用总规和保持所有权不变的前提下，适度放活承包地经营权、农房和宅基地使用权，引导集体经营性建设用地、闲置农地、农房依法合规地出租、流转、互换、抵押等，将有限资源灵活使用。此外，休闲农业各经营主体在争取国家提供的用地支持的同时，也要增强土地利用的创新能力，将有限资源灵活运用，积极探索森林树屋、帐篷房、房车营地等多样化的用地形式。

Part 3
加强休闲农业人才队伍建设

人才培养是休闲农业发展的内生动力。作为新型产业形态和消费业态，休闲农业的长足发展需要全面加强休闲农业人才队伍建设，着力培养、引进、留住一大批新思维、新技能的人才，才能打破小农经济局限，切实提升休闲农业创意创新和管理服务水平，促进休闲农业由粗放式、单一性、低水平，向规范化、精致化、优质化发展方向转变。

增强产业智力支撑能力，推动休闲农业高质量发展。

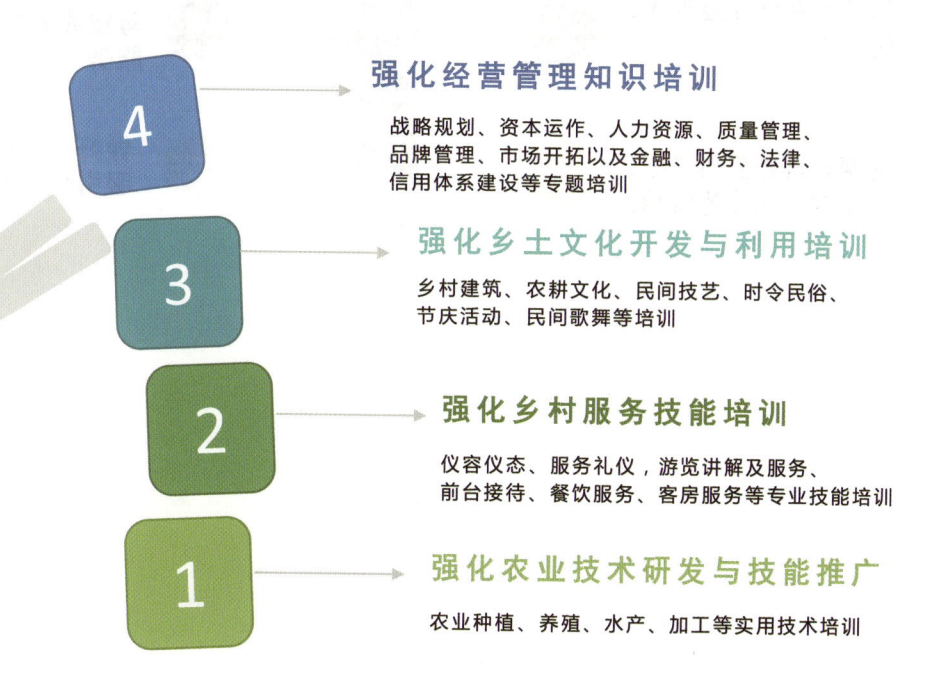

4 强化经营管理知识培训
战略规划、资本运作、人力资源、质量管理、品牌管理、市场开拓以及金融、财务、法律、信用体系建设等专题培训

3 强化乡土文化开发与利用培训
乡村建筑、农耕文化、民间技艺、时令民俗、节庆活动、民间歌舞等培训

2 强化乡村服务技能培训
仪容仪态、服务礼仪、游览讲解及服务、前台接待、餐饮服务、客房服务等专业技能培训

1 强化农业技术研发与技能推广
农业种植、养殖、水产、加工等实用技术培训

休闲农业人才的开发与培养，离不开政府、企业、社会机构、高校、科研院所的通力合作。坚持"内育+外引"的思路，培育一批新型职业农民；通过青年农场主培训计划、新型农业经营主体带头人培训计划等培训和培养一批农业职业经理人、经纪人、休闲农业带头人；发掘和培养一批乡村工匠、文化能人和非遗传承人等乡土专业技术人才；此外，鼓励高校、企事业单位点对点对接帮扶；支持规划师、建筑师等技能人才定期下乡服务；做好人才引进工作，吸引优秀人才下乡。

无论休闲农业人才的开发与培养方式如何，其最终目的不仅要为休闲农业的发展培养乡土人才，还要培养和造就一支懂农业、爱农村、爱农民的"三农"工作队伍，助力乡村振兴，为乡村振兴培养领军人物和中坚力量。

"内育+外引"，合力培养新时代乡村振兴人才！

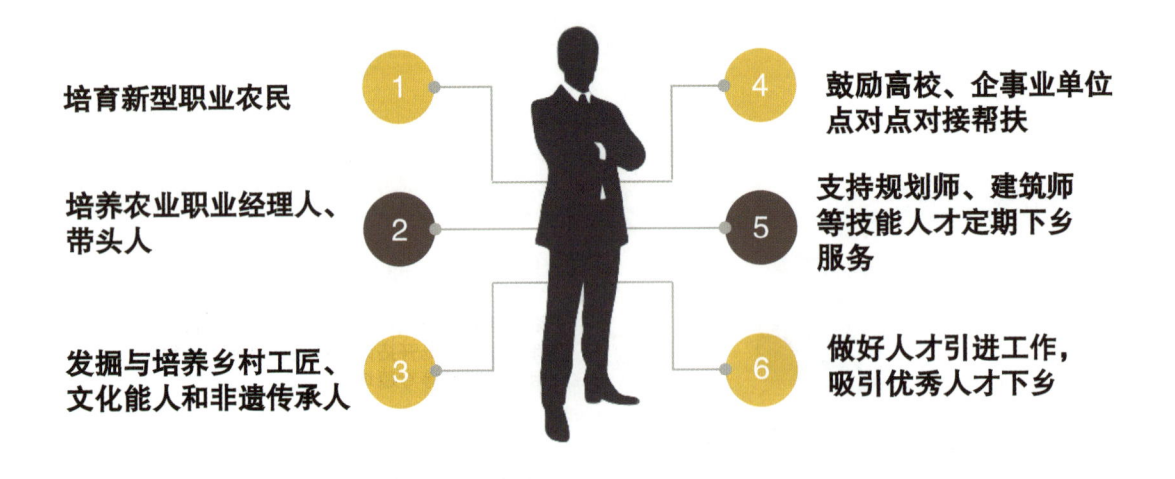

1. 培育新型职业农民
2. 培养农业职业经理人、带头人
3. 发掘与培养乡村工匠、文化能人和非遗传承人
4. 鼓励高校、企事业单位点对点对接帮扶
5. 支持规划师、建筑师等技能人才定期下乡服务
6. 做好人才引进工作，吸引优秀人才下乡

参考文献

[1] 菲利普·科特勒. 营销革命 3.0：从产品到顾客，再到人文精神[M]. 北京：机械工业出版社，2011.

[2] 庄锦华. 特色小镇文创宝典——桐花蓝海 5.0[M]. 北京：电子工业出版社，2018.

[3] 范亚昆. 地道风物：民宿时代[M]. 北京：中信出版社，2017.

[4] 四川旅游培训中心. 乡村旅游创新案例：乡村旅游操盘手实录与经验分享[M]. 北京：中国旅游出版社，2018.

[5] 郑健雄，曾喜鹏. 乡村旅游发展新视界[M]. 台湾：台湾乡村旅游协会，2013.

[6] 郑健雄. 两岸乡村旅游的开展[M]. 台湾：台湾乡村旅游协会，2012.

[7] 郑健雄，曾喜鹏. 乡村旅游服务创新[M]. 台湾：白日梦创意，2017.

[8] 游文宏. 心动农场[M]. 台湾：苹果屋出版社有限公司，台湾广厦有声图书有限公司，2015.

[9] SMART 度假地产专家委员会. 一起去乡村吧[M]. 上海：同济大学出版社，2015.

[10] 郑健雄. 寻找感动的寻体验[M]. 台湾：台湾乡村旅游协会，2013.

[11] 段兆麟. 休闲农业——体验的观点[M]. 台湾：华都文化事业有限公司，2011.

[12] 潘海颖. 基于生活美学的旅游审美探析——从观光到休闲[J]. 旅游学刊，2016（6）：73-81.

[13] 张孝德. 乡村生活价值的再发现及实现路径[J]. 行政管理改革，2019（6）：35-43.

[14] 杨阿莉. 从产业融合视角认识乡村旅游的优化升级[J]. 旅游学刊，2011（4）：9-11.

[15] 王东，王清华. 中国村镇聚落美学理论与方法[J]. 学术探索，2015（7）：76-81.

[16] 刘玉梅. 中国当代生活美学研究综述[J]. 前沿，2012（18）：158-160.

后 记

近年来，多次踏进宝岛台湾的休闲农场，每次都会让人真切地体会书本之外的获益与感动。在卓也小屋，缘于那只曾经驻留的猫头鹰，就注定了这片山林里会深耕出温情的农家生活、国际范的蓝染和文创产业思维；在胜洋水草休闲农场，"不向生活低头"的农场主人，用肩膀扛起了全家人的生活，用创意诠释了小小水草的无限可能；在飞牛牧场，几代人几十年的坚守与创新，让这曾经亏损的牧场得以重生，蜕变成产业转型的典范；在大湖草莓农场，用一颗小小的草莓缔造一个大大的王国，生动地讲述了台湾农会和农创的故事；在恒春生态农场，那位为有机梦想和土地责任坚守四十多年的"愚人"，每当他讲述那份对土地、对自然的情怀，总会让人动容……

一个案例，一份温馨，一份惊喜，一份感动。台湾的休闲农场，主人总会将情怀、生活、智慧、商业有机融入其中，自然而然地用故事去分享行销、用创意表达情感、用业态丰富生活……一切不显山露水，却又温暖而有力量。

本书中的五个台湾休闲农业案例，是台湾休闲农业发展的典范，其发展的历程和经验对正在转型升级的大陆乡村旅游发展是巨大的裨益，也为大陆乡村旅游开发与经营管理者提供了参考。

当然，大陆乡村旅游发展不是埋首书堆，不是照搬台湾的经验，而是在乡村用双脚丈量乡土，走出去用双眼领略风景，再回来用智慧创新实践，立足于本土，走好乡村旅游转型升级的每一步。书中选取的四个案例，正是四川近年来乡村旅游创新发展的翘楚。

由于编者水平有限，本书中难免有疏漏与差错，真诚欢迎广大读者批评指正。

《乡村旅游：多业融合——台湾之"石"与大陆之"玉"》编写团队

2020年3月25日

责任编辑：刘志龙
责任印制：闫立中
封面设计：中文天地

图书在版编目（CIP）数据

乡村旅游　多业融合：台湾之"石"与大陆之"玉"/ 四川省旅游培训中心编 . -- 北京：中国旅游出版社，2020.6

ISBN 978-7-5032-6407-8

Ⅰ. ①乡… Ⅱ. ①四… Ⅲ. ①观光农业 – 研究 – 中国 ②乡村旅游 – 研究 – 中国 Ⅳ. ① F592.3

中国版本图书馆 CIP 数据核字（2019）第 269914 号

书　　名：	乡村旅游：多业融合——台湾之"石"与大陆之"玉"
作　　者：	四川省旅游培训中心 编
出版发行：	中国旅游出版社
	（北京建国门内大街甲 9 号　邮编：100005）
	http://www.cttp.net.cn　E-mail:cttp@mct.gov.cn
	营销中心电话：010-57377108　010-85166536
排　　版：	北京中文天地文化艺术有限公司
印　　刷：	北京金吉士印刷有限责任公司
版　　次：	2020 年 6 月第 1 版　2020 年 6 月第 1 次印刷
开　　本：	787 毫米 ×1092 毫米　1/16
印　　张：	17
字　　数：	123 千
定　　价：	59.00 元
ＩＳＢＮ	978-7-5032-6407-8

版权所有　翻印必究
如发现质量问题，请直接与营销中心联系调换